MANIE DE LA PERSÉCUTION

LOUIS C. THOMAS | *ŒUVRES*

UNE CHUTE QUI N'EN FINIT PAS
DES BRIQUES EN VRAC
LES ÉCRITS RESTENT
JOUR DES MORTS
MALENCONTRE
MANIE DE LA PERSÉCUTION — *J'ai lu* 2009**
LA MORT EN CHANTIER
LA PLACE DU MORT
POISON D'AVRIL
POUR LE MEILLEUR ET POUR LE PIRE
LE SAUF-CONDUIT
LA COMPLICE

LOUIS C. THOMAS

MANIE DE LA PERSÉCUTION

ÉDITIONS J'AI LU

1

Georges ne se rendit compte de rien. Son front heurta violemment le pare-brise tandis que la Lancia quittait la route en plein virage.

Un instant, le faisceau lumineux des phares balaya la nuit au-dessus du ravin puis, comme aspirée par le vide, la voiture plongea à la verticale. Au moment où elle reprit brutalement contact avec le sol, le corps inanimé du conducteur bascula sur la droite et se coinça sous le volant entre le levier de changement de vitesse et le tableau de bord. Exécutant une série de tonneaux, le véhicule rebondit de rocher en rocher dans un fracas de moteur emballé et de ferraille disloquée puis s'immobilisa, les quatre roues en l'air.

Le silence et l'obscurité redevinrent ce qu'ils étaient quelques minutes auparavant. Un rayon de lune se glissait obliquement par une déchirure de nuage et faisait reluire les chromes de la carrosserie.

L'accident fut découvert au petit jour par deux routiers qui roulaient vers Nice.

Antoine stoppa le vingt tonnes et secoua son compagnon qui somnolait à ses côtés.

– Dis donc, Jules, vise un peu la bagnole...
Jules écarquilla les yeux :
– Où ça ?
– En bas dans le ravin.
– Bonne mère !
Les restes de la Lancia décapotée ne présageaient rien de bon...
– Si un type est là-dessous, il n'aura plus jamais mal aux dents.
– En tout cas faut aller voir.
Les deux hommes sautèrent sur la chaussée encore mouillée de l'orage de la veille. L'air était vif, empreint d'une bonne senteur marine apportée par un vent d'est léger... La Lancia se trouvait à une vingtaine de mètres en contrebas, au pied d'une pente escarpée, rocailleuse, parsemée de buissons de lentisques, de genêts et de ronces.
Jules s'avança sur le bas-côté, jeta un regard circonspect au-dessous de lui et agrippa le coude d'Antoine :
– Zyeute... la bonne femme. Dans les ronces, juste en face...
Sans plus attendre il dévalait le versant abrupt, entraînant l'autre qui le suivait avec peine.
– Si elle a rien de cassé, elle pourra brûler un cierge à saint Christophe !
Encore jeune, la femme semblait dormir sur son lit de feuillage épineux. Sa robe d'un rose tendre, lacérée par les ronces, laissait entrevoir des dessous de dentelle noire déchirés eux aussi.
– Pour un coup de pot c'est un coup de pot ! s'exclama Jules. Elle a été éjectée avant que la voiture se retourne.
Il s'approcha, vaguement intimidé, et saisit

une petite main aux ongles soignés. Elle était fraîche mais non froide.

– Peuchère !

Soudain, il éprouva le besoin de vociférer :

– Qu'est-ce que tu fous, planté comme un santon ?... Viens m'aider !... On va pas la laisser là, non ?

Avec précaution, ils la soulevèrent, l'arrachèrent aux branches et l'étendirent sur le sol à un endroit où une herbe rare pouvait paraître confortable en comparaison de la rocaille environnante.

Antoine glissa sa veste roulée en boule sous la nuque de la jeune femme. Elle se mit à geindre, ses cils battirent, elle ouvrit tout grand les yeux.

– Qu'est-ce que c'est ?... Qu'est-ce qu'il y a ?

– Vous êtes sauvée, madame, dit Jules. Vous vous en êtes bien tirée.

Elle porta une main tremblante à son front en bredouillant :

– L'accident...

Elle s'assit, les yeux exorbités.

– Et Georges ?... Où est-il ?... Où est mon mari ?

Les deux hommes se regardèrent, consternés.

– Vous n'étiez pas seule ? demanda Jules.

– Non, bien sûr !... Mon mari conduisait... Où est-il ?... Vous l'avez retrouvé ?...

Elle en perdait le souffle. Épuisée, elle retomba en arrière et s'évanouit.

– Ça vaut peut-être mieux pour le moment, grommela Antoine. On jette un coup d'œil à la bagnole ?

Sourcils levés, Jules désigna du menton la jeune femme :

– Et elle ?

– Elle risque plus grand-chose. Le mari, c'est certainement plus urgent.

Sans entrain maintenant, ils finirent de descendre la pente jusqu'à la voiture accidentée. Rien ne bougeait sous l'amas de ferraille.

Jules s'accroupit et se releva aussitôt, livide.

– Il est là-dessous !...

Antoine déglutit avec difficulté.

– Et qu'est-ce qu'on va lui dire, à la veuve ?

« À la veuve !... Veuve !... VEUVE !... »

Le mot frappa le tympan de Georges, se répercuta à l'infini dans son cerveau, pareil à un mot d'une langue inconnue, vide de sens. Georges flottait dans une sorte de nirvâna, sans plaisir ni souffrance, où le temps et l'espace étaient abolis.

Par-ci par-là, ses oreilles captaient des paroles, des bribes de phrases volées au silence compact, irréel, dans lequel il se dissolvait.

« Clinique... Mon mari... Mort affreuse... »

Son subconscient les enregistrait. Rien de tout cela ne le concernait...

Une voix féminine :

– Il est mort, n'est-ce pas, docteur ?

En réponse, un timbre grave :

– Peu d'espoir... Tenter l'impossible.

Tout à coup, Georges eut la sensation de respirer puis il s'enfonça dans un trou noir. Rien où s'accrocher !... Encore et toujours le néant !... De nouveau, le temps et l'espace furent abolis.

Il reprit connaissance quelques heures... ou quelques jours plus tard. La voix au timbre grave disait : « Un vrai miracle !... »

Peu à peu, il recommença d'exister et, avec la douleur encore vague et mal localisée, son corps se rappela à lui. Il tenta de soulever les paupières, ne s'étonna point de ne pas y parvenir. On s'affairait autour de lui.

Une soif intense brûlait sa gorge. Il voulut demander à boire et ne réussit qu'à exhaler un gémissement entre ses lèvres desséchées.

Aussitôt une main fraîche emprisonna la sienne, une voix féminine, douce, très douce, murmura :

– Georges, mon chéri... c'est moi, Christiane... Je suis là.

Christiane... Le prénom n'éveillait en lui aucun écho. Sa tête était de plomb. Il fit un effort pour la tourner sur l'oreiller.

Une douleur fulgurante lui arracha un cri. Des centaines de marteaux se mirent à cogner dans son crâne et, au milieu de ce tintamarre, toujours la voix féminine, si douce...

« Mon chéri... On va bientôt te ramener chez nous... »

Où ça, chez nous ? Qui ça « nous » ?... Et Christiane ?... Qui est Christiane ? Georges aurait voulu parler. Il n'avait pas la force, pas le courage. Il souffrait trop à présent.

Une aiguille perça la peau de sa cuisse droite. Un bien-être l'envahit. Encore le trou noir, une totale absence d'intérêt pour le monde extérieur.

Le contact avec la vie se fit par à-coups. Une série de notions élémentaires d'abord : la douleur, le soulagement, les besoins naturels, la toilette du matin, les piqûres...

« J'ai soif... »

La saveur sucrée d'un jus d'orange... La prise de conscience d'un corps distinct, bien à soi, le plaisir de remuer ses jambes entre les draps, sans souffrance...

Mais pourquoi cette impossibilité de soulever les paupières ?

Cette question, Georges se la posa d'abord à lui-même puis, un matin, il parvint à la formuler à haute voix.

D'instinct, il chercha la main fraîche et menue qui n'avait guère quitté la sienne.

– Que m'est-il arrivé ?

– Un accident tout bête… Le danger est écarté maintenant.

Cette voix de femme, si douce, lui rappelait quelque chose. Celle de l'infirmière sans doute.

Il dégagea sa main pour la porter à sa tête. Ses doigts effleurèrent un volumineux pansement qui descendait jusqu'à la base du nez. L'idée qui se présenta alors à lui le fit frémir et il essaya une nouvelle fois de soulever les paupières. Une peur panique, la peur de l'irrémédiable, balaya toutes ses autres préoccupations. Il balbutia :

– Est-ce que je suis…

Il broncha devant le mot.

– Est-ce que je suis… aveugle ?

– Tu y verras comme tout le monde quand on ôtera le pansement. Tes yeux sont indemnes. Le Dr Mars me l'a assuré.

La petite main fraîche reprit possession de la sienne; deux lèvres souples se posèrent sur ses lèvres gercées.

– Tu vas guérir très vite, mon chéri !

Curieuse infirmière, qui l'appelait « chéri » et l'embrassait sur la bouche…

– Qui êtes-vous ?

– Christiane, voyons !

Comme la voix, le prénom rappelait quelque chose à Georges, mais où l'avait-il entendu ?…

Avant ou après l'accident... puisque accident il y avait eu. Au fait, quel accident au juste ?

Une porte s'ouvrit. Des pas énergiques, une voix au timbre grave, tonique :

– Bonjour, madame... Comment va notre malade ?

– Mieux, docteur, répondit Christiane. Il me parle.

– Et vous, cher monsieur, comment vous sentez-vous ?

– Bien, merci.

– Je suis le Dr Mars. Vous êtes dans ma clinique. C'est moi qui vous ai opéré.

– Il a peur d'être aveugle, dit Christiane.

Le chirurgien éclata de rire :

– Vous y verrez comme avant, je vous le certifie. Mais... on peut le dire, vous revenez de loin. Double fracture du crâne avec complications méningées... Quinze jours de semi-coma... Quand je vous ai vu, je n'aurais pas donné cher de votre peau.

Il rabattit le drap et, d'un doigt replié, tapota la carapace qui emprisonnait l'épaule et le bras droit du blessé.

– Et votre bras ?

Alors seulement, Georges se rendit compte qu'un plâtre l'immobilisait de ce côté-là. Il esquissa un pâle sourire comme pour s'excuser.

– Qu'est-ce que j'ai encore ?

– Oh, vous n'y êtes pas allé de main morte ! Vous vous êtes aussi payé une fracture de la clavicule et de l'humérus. Une broutille en comparaison du reste. Savez-vous qu'on vous avait laissé pour mort sur le terrain ? Si le hasard ne m'avait pas fait passer par là au moment où l'on vous dégageait de sous la voiture, ce n'est pas dans une clinique qu'on vous aurait transporté. C'est à la morgue.

Un accident de voiture ! Georges fit un effort pour se souvenir. Sans succès. Quinze jours ce n'était pas si vieux que ça et s'il avait été renversé par un chauffard...

– Vous deviez avoir bu pas mal.

Georges redoubla d'efforts.

« Vous deviez avoir bu pas mal. »

Les paroles du Dr Mars éveillaient un écho au fin fond de sa mémoire. Ce soir-là... Parbleu, oui ! Ce soir-là, il avait fait la tournée des grands-ducs avec... Avec qui, au fait ? Un compagnon de rencontre, probablement.

« Vous deviez avoir bu pas mal. »

Il avait même beaucoup bu, trop bu, beaucoup trop. Tout cela avait commencé, il ne savait où.

Il marmonna :

– Quelle cuite !

– Vous vous rappelez avoir pris le volant de votre voiture ?

– Ma voiture ?

– Votre Lancia.

Christiane intervint :

– Tu as dérapé en plein virage. Tu roulais comme un fou.

– C'est vous qui êtes folle. Je n'ai jamais eu de voiture. Encore moins de Lancia.

Il y eut un silence puis Georges entendit Christiane chuchoter :

– Qu'est-ce que je vous disais, docteur ? C'est chaque fois comme ça.

Après trois ou quatre légers claquements de langue, le chirurgien vint s'asseoir au chevet du blessé.

– Soit, dit-il d'un ton conciliant. Vous ne vous

souvenez pas de ce qui s'est passé au moment de l'accident. Mais avant ?

– Je crois que j'ai traîné dans divers bars, peut-être dans une boîte ou deux.

– Et encore avant ?

– Avant quoi ?

Christiane soupira. Mars s'armait de patience.

– Si vous le voulez bien, on va prendre les choses par un autre bout. Je vais vous poser quelques questions auxquelles je vous prie de répondre sans chercher à comprendre. Même si elles vous paraissent idiotes. Par exemple : en quelle année sommes-nous ?

– En 1960.

– Parfait. Et en quelle année a eu lieu votre accident ?

– En 1960 évidemment.

– Il y a combien de temps ?

– Quinze jours. Vous venez de me le dire.

– De votre côté, vous veniez de dire que, la veille, vous aviez traîné dans plusieurs bars. Vous étiez seul ?

– Au début sans doute. Ensuite, il me semble que j'étais avec quelqu'un. Je ne sais pas au juste.

Nouvelle intervention de Christiane.

– Tu étais avec moi !... Nous rentrions de Saint-Tropez.

– De Saint-Tropez ?

La stupeur de Georges allait croissant.

– Je n'ai jamais mis les pieds à Saint-Tropez !... J'étais... j'étais à Marseille.

– Vous devez confondre avec un autre jour, dit le Dr Mars. Le soir de l'accident vous étiez avec votre épouse...

Une myriade de points lumineux se mirent à scintiller dans l'obscurité. Georges assistait au bouquet d'un feu d'artifice intérieur; sa peau se couvrait d'une mauvaise sueur. Derechef dans le trou noir, il se cramponnait désespérément aux bords qui s'effritaient.

– Mon épouse !... Mon épouse !...

Puis avec véhémence :

– Je ne suis pas marié !... Je n'ai pas de femme !... Je n'ai jamais été marié !

La fièvre le gagnait, le cauchemar se mêlait à la réalité. Il glapit :

– Vous vous foutez de moi ?... Je ne suis pas marié, je n'ai pas de voiture !...

Insensible à la douleur il tenta de se redresser. Une poigne solide le cloua sur sa couche.

– Appelez l'infirmière, ordonna le Dr Mars.

Quelques minutes plus tard, on maintenait avec difficulté les jambes du forcené pour lui faire une injection sous-cutanée.

Christiane avait dû poser une question car le chirurgien lui répondait :

– Je vous avais prévenue. Le traumatisme crânien est important et après une telle commotion il fait un peu d'amnésie rétrograde. Il faudra de la patience.

Georges réunit ses dernières forces pour crier :

– Je ne suis pas fou... Je suis... Je suis...

Personne ne l'écoutait. Le calmant faisait rapidement son effet. Georges se détendit, ses muscles s'amollirent, son tumulte intérieur s'apaisa. Il avait envie de dormir.

Le docteur, qui pesait sur lui de tout son poids, relâcha sa pression.

– Restez calme, conseilla-t-il. Tout va aller très bien. On va vous ramener chez vous, monsieur Romery.

Georges eut un sursaut de révolte. Monsieur

Romery !… Il aurait voulu hurler à pleins poumons : « Je ne m'appelle pas Romery !… Je n'ai jamais entendu parler de Romery !… Je m'appelle… »

Comment s'appelait-il ?… Un nom traversa son esprit : Campo !… Georges Campo.

Déjà de longues ondulations le berçaient et l'emportaient. Romery… Campo… Il ne savait plus.

Après tout, cela avait-il donc une si grande importance ?

2

« Je m'appelle Georges Campo... Je ne suis pas marié... Je n'ai jamais entendu parler ni de Georges Romery ni de Christiane Romery... Et vous allez me faire le plaisir de m'expliquer où je suis et ce que je fais ici. »

Georges avait longuement préparé sa tirade afin de la prononcer sereinement. La veille, il n'avait pas eu conscience de son transport en ambulance mais ce matin il s'était réveillé dans un lit plus souple que celui de la clinique, plus vaste aussi et garni de draps plus fins.

Entrant par la fenêtre ouverte, un rayon de soleil venait caresser sa joue. Un chamaillis d'oiseaux dominait une rumeur sourde et régulière, une sorte de pulsation énorme que Georges avait mis un certain temps à identifier : le ressac !

Son pansement le cantonnait toujours dans une nuit totale mais il devinait la présence de Christiane à son chevet.

– D'abord, où suis-je ?

La jeune femme – il la supposait jeune à cause de la voix, de la douceur de sa peau, de la façon dont elle l'avait embrassé à la clinique – répondit d'un ton las :

– Au *Vénadou*, la propriété que nous avons achetée au cap Bénat.

– Que *vous* avez achetée !

Il insista sur le « vous » dans une intention bien définie de se mettre à part puis il reprit :

– Pourquoi me jouez-vous cette comédie ?

– Je ne joue pas la comédie, tu le sais bien. Le Dr Mars a dit que c'est le coup que tu as reçu à la tête qui t'a fait perdre la mémoire.

Bien qu'il eût résolu de conserver son sang-froid, il ne pouvait pas ne pas s'énerver devant l'absurdité de la situation.

– Je n'ai pas perdu la mémoire. Je sais très bien qui je suis. Il y a huit jours je débarquais à Marseille.

– Il y a huit jours, mon pauvre chéri, tu étais dans le coma !

Le ton apitoyé de Christiane finit de l'exaspérer :

– Vous comprenez très bien ce que je veux dire : huit jours avant l'accident... Je ne peux pas être à la fois Campo et Romery.

– Campo, répéta Christiane... Tu as peut-être connu un Campo.

– Bon sang ! Puisque je suis Campo !

Son impuissance le mettait en rage :

– Vous profitez de mon état !

Il retira vivement sa main sur laquelle Christiane posait un baiser :

– Inutile de faire du charme.

– Comme tu voudras, dit-elle en se levant. Le Dr Mars va venir. Il a recommandé le calme. Tâche de dormir un peu.

Dormir !... Avec ce fourmillement de points d'interrogation... Il entendit la jeune femme s'éloigner, ouvrir une porte.

– Ça ne se passera pas comme ça ! cria-t-il. Je prouverai que je ne suis pas Romery ! J'irai jusqu'en Indochine s'il le faut.

Christiane s'était arrêtée. La voix soudain changée, elle lança :

– Si tu étais un autre, comment pourrais-tu savoir que nous habitions l'Indochine avant de venir ici ?

Elle sortit, laissant Georges ahuri. Pourquoi, Bon Dieu, avait-il parlé d'Indochine ?

Indochine... Comme si ce mot-là eût déclenché un mécanisme secret du cerveau, d'autres noms surgissaient du néant, se juxtaposaient au premier :

« Cay mu su, Frédéric, Long Thanh, Cap-Saint-Jacques, Kiem, Saigon... »

Ils ne lui rappelaient rien et pourtant ils tournaient dans son crâne en une sarabande hallucinante. Rien de commun avec son passé, le sien propre. Ce n'était pas en Indochine qu'il fallait le chercher, celui-là, mais au Brésil d'où lui, Campo, était revenu huit jours plus tôt.

Déjà, il était obligé de rectifier : huit jours avant l'accident.

« Cay mu su, Frédéric, Long Thanh, Cap-Saint-Jacques, Kiem, Saigon... »

Alors que venaient faire ces intrus asiatiques parmi les souvenirs d'Amérique latine, éclatants de couleur ? Et ce prénom européen : Frédéric ?

« Récapitulons, se dit-il. J'étais au Brésil... Où ?... Quand ?... »

Et voilà qu'au lieu de regrouper des notions qu'il croyait intactes, les questions précises les faisaient fuir.

« Sur quel bateau suis-je rentré ? »

Impossible de retrouver le nom du bateau.

dans chacun de ses mouvements et il dut ramper millimètre par millimètre.

Absorbé par cette besogne éreintante, il ne prêta qu'une attention distraite aux aboiements qui, à l'extérieur, accompagnèrent le ronflement d'une voiture.

Quelques instants plus tard, le Dr Mars pénétrait dans la chambre.

– Bonjour, cher monsieur. La nuit s'est bien passée ?

– Un vrai cauchemar !

– Vous avez souffert ?... La tête ?... L'épaule ?

– Non !... Physiquement tout va pour le mieux.

– C'est l'essentiel... Pour le reste, ne vous tracassez pas inutilement... Au début, les troubles de mémoire ne sont pas exceptionnels dans un tel cas. Je les avais prévus et j'en avais averti Mme Romery.

Georges ne put s'empêcher d'ironiser :

– Vous appelez ça des troubles de mémoire ? J'ignore tout de ce Romery pour la bonne raison que je ne suis pas Romery !

– Et vous prétendez vous nommer Campo ?

– Je ne prétends pas : je me nomme Campo. Je suis rentré du Brésil...

Le chirurgien crut bon de rectifier :

– Vous voulez dire d'Indochine ?

– Je dis bien « du Brésil ».

– Alors pourquoi avez-vous parlé de l'Indochine à Mme Romery ?

Georges resta coi.

– Je ne sais pas. Franchement, je ne sais pas... Il y a des mots, comme ça, dans ma tête.

– Lesquels ?

La ronde folle recommença. Georges s'en délivra :

– *Cay mu su, Frédéric, Long Thanh, Cap-Saint-Jacques, Kiem, Saigon.*

– Ces noms vous disent-ils quelque chose, madame ? s'enquit le docteur.

Christiane était entrée sans que Georges y prît garde. Elle dit, la voix vibrante d'émotion contenue :

– Tu vois bien que tu n'as pas oublié !... Oui, docteur, nous avions une plantation d'hévéas à Long Thanh, à 50 kilomètres de Saigon, sur la route de Cap-Saint-Jacques. Kiem est le *boï* que nous avons ramené. Et *cay mu su* c'est le nom qu'on donne là-bas à l'hévéa.

Mars se mit à rire.

– Celui-là, vous ne l'auriez pas inventé, cher monsieur !

Mais Georges n'avait pas envie de rire, pas du tout.

– Et Frédéric... Qui est Frédéric ?

À la seconde où il formulait son interrogation, un nom s'accolait au prénom, sans raison apparente.

– Frédéric Launay, articula-t-il à haute voix.

– Bravo ! s'exclama joyeusement Christiane, tu le trouves tout seul !

C'était vrai. Il l'avait trouvé tout seul, comme il avait trouvé tout seul les autres noms. Cela n'empêchait pas que...

– Tu as également reconnu Kiem, poursuivit Christiane.

– Je ne l'ai pas reconnu, c'est lui qui s'est présenté.

– Kiem faisait néanmoins partie des mots qui vous sont venus à l'esprit ce matin, rétorqua le chirurgien.

Georges frappa du poing sur le lit.

– Vous êtes là à vouloir m'imposer à tout prix les souvenirs de Romery. J'en ai d'autres, moi !... Le Brésil, ça existe; je parle le portugais !

– Bien sûr, mon chéri : ta mère était d'origine portugaise.

– C'est faux ! Ma mère était...

La phrase demeura en suspens.

– Parlez-moi de vos parents, dit doucement le chirurgien.

Georges s'était laissé entraîner par le feu de la discussion. Il s'était trop avancé, bêtement, et il regrettait ses paroles inconsidérées parce qu'elles l'obligeaient à avouer :

– Je... Je ne m'en souviens pas.

Le passé lui échappait une fois de plus. Autant vouloir saisir de l'eau à pleines mains.

– Puisque je suis amnésique !

Il capitulait à demi quand l'idée qu'on abusait de la situation pour lui voler sa personnalité l'effraya tout à coup.

– Je ne veux pas rester ici !

– Êtes-vous mal soigné ?... Non ! Alors, pensez d'abord à vous rétablir... Ensuite tout s'arrangera...

– Vous croyez que je suis fou, n'est-ce pas ?

– Qu'allez-vous chercher là ?... Il faut parer au plus pressé et dans votre cas... Si vous le voulez bien je vais refaire votre pansement.

Georges fut pris d'une autre préoccupation.

– Vous savez, docteur, je vois le soleil à travers mes paupières.

– Je n'en ai jamais douté.

– Alors quand ôterez-vous le pansement de mes yeux ?

– Aujourd'hui... Si vous êtes sage.

Enfin il allait les voir, il allait voir cette Christiane !

– Asseyez-vous, dit le praticien.

Il l'empoignait sous l'aisselle gauche, l'aidait à se soulever.

– Madame, soutenez-le, je vous prie.

De l'autre côté du lit, Christiane soulagea le blessé du poids de son plâtre. Georges se dressait sur son séant avec difficulté.

– Encore un peu, mon chéri.

Georges eut un geste d'agacement.

– Si vous êtes sage, répéta le Dr Mars.

Georges se laissa faire. Bien que n'ayant joué qu'un rôle passif, il se trouva en nage quand on l'eut installé tant bien que mal avec deux oreillers dans le dos et un troisième pour appuyer sa nuque. Un étourdissement s'empara de lui.

– Respirez, conseilla le docteur... Profondément...

Georges respira... Le lit tanguait sous lui... La voix de Mars lui parvenait à travers une épaisseur cotonneuse.

« Vous tirerez les volets, s'il vous plaît... Le grand jour risque de le choquer. »

Un grincement de gonds... Une agréable fraîcheur remplaça le soleil qui brûlait la peau, le malaise s'atténua.

Mars dicta encore quelques directives à Christiane qui s'absenta, puis il se rapprocha du lit.

– Ça se tasse ?

– Tout se remet en place.

– Alors, voyons ce crâne.

Les mains du chirurgien déroulèrent prestement la bande. Georges prit une longue inspiration.

– Docteur !

– Ça ne va pas ?

– Si !... Je veux vous parler seul à seul.

– Ne vous gênez pas, mon vieux.

– Avant mon accident vous ne me connaissiez pas ? Vous ne m'aviez jamais vu ?

– Je vous l'ai dit : je me suis trouvé sur les lieux fortuitement.

– Alors, comment pouvez-vous affirmer que je suis Romery ?

– Ce n'est pas moi qui l'affirme, c'est votre femme... c'est votre domestique Kiem... ce sont vos amis.

– Je n'ai pas d'amis.

– Vous croyez-vous abandonné par tout le genre humain ? Pas par moi en tout cas... Vous êtes mon miracle.

Georges attaqua d'un autre bord :

– Vous ne croyez pas aux sosies, n'est-ce pas ?

Le Dr Mars eut un petit rire amusé.

– Les sosies n'existent que dans les mauvais romans. Dans la vie, il y a parfois de vrais jumeaux... et vous n'avez pas de frère jumeau, que je sache?

L'énervement recommençait de gagner Georges.

– Bon sang, j'avais des papiers sur moi... On a dû les trouver ?

– Vous aviez les papiers de M. Romery, évidemment.

Le chirurgien prévint une explosion en faisant claquer sa langue à petits coups.

– Restez sage.

Il finissait d'ôter les compresses et palpait la boîte crânienne :

– Mal ?

– Non.

Il posait la même question en pressant sur l'œil droit puis sur le gauche et obtenait la même réponse.

– Parfait !... Vos cils sont tout simplement collés par un peu de suppuration.

Georges portait machinalement la main à sa tête, y découvrait la broussaille de ses cheveux...

– Rassurez-vous, dit Mars, vous n'êtes pas tondu. Nous n'avons rasé que le strict minimum… Et à partir d'aujourd'hui le pansement se limitera à du sparadrap.

Il sauta du coq à l'âne :

– Vous allez revoir votre femme.

– Ce n'est pas ma femme.

– Disons Mme Romery si vous voulez… Avez-vous une idée de son physique ?

– Aucune.

– Comment vous l'imaginez-vous ?… Grande ?… petite ?

– Je n'en sais rien.

– Brune… blonde ?

– Rouquine, dit Georges pour en finir.

Christiane faisait sa réapparition.

À l'aide d'un tampon d'ouate imbibé d'eau tiède, Mars décolla les paupières. Georges ouvrit les yeux, les referma vivement, ébloui malgré la pénombre. Plus lentement, il les rouvrit.

Le tampon d'ouate encore en main, un quinquagénaire grisonnant se penchait sur lui : le Dr Mars.

Cependant, Georges n'avait de regards que pour la jeune femme qui se tenait au pied du lit, les mains crispées sur le rebord de bois. Elle était d'une beauté saisissante. Un sourire timide flottait sur ses lèvres. Ses grands yeux verts se fixaient sur le convalescent avec anxiété.

Ce qui suffoquait Georges, ce qui le laissait pantelant, c'était l'abondante chevelure de feu qui auréolait le délicat visage.

Christiane était rousse comme il l'avait inventé… Comme il avait cru l'inventer !… L'avait-il vraiment inventé ?

3

Durant quelques secondes la chambre fut un univers hermétiquement clos, habité par trois personnages de cire.

Le film de la vie venait de s'arrêter brusquement sur une image : le blessé et la femme fascinés l'un par l'autre, le Dr Mars penché au-dessus du lit et souriant aimablement... Son sourire s'élargit, le film recommença de défiler...

– Alors, vous la reconnaissez ?

Georges fit non de la tête. Sans doute le docteur avait-il beaucoup escompté de cette confrontation car il insistait :

– Vous ne reconnaissez pas Mme Romery ?

– Je n'ai jamais vu cette personne.

Le visage de Christiane se contracta, ses yeux verts s'assombrirent.

– Ce n'est pas vrai ! Ne le croyez pas, docteur, ce n'est pas vrai !... Il dit ça pour me torturer.

Elle serrait si fort le bois du lit que les jointures de ses doigts en blanchissaient.

– C'est un monstre. Il a toujours aimé me torturer.

– Tiens, je ne suis plus votre « chéri », persifla Georges. Vous changez de tactique ?

Mais Christiane ne l'écoutait pas. Elle s'adressait au chirurgien avec la même véhémence :

– Je vous l'avais bien dit que ça ne servirait à rien d'être gentil avec lui... C'est un monstre... ou bien un fou ! Il me reconnaît, j'en suis sûre.

Un élan la porta vers le blessé. Elle le secoua sans ménagement :

– Je t'en supplie, dis la vérité... Tu le fais exprès, n'est-ce pas ?... Pourquoi ?... Pourquoi ?... Tu sais bien que je t'aime... J'accepterai tout si tu veux...

Georges se protégeait tant bien que mal de son bras gauche. Le Dr Mars vint le délivrer.

– Je vous en prie, madame, vous vous égarez.

Un pli soucieux barrait son front.

– Je crois à la sincérité de M. Romery.

– Je ne suis pas M. Romery !

Avec lassitude, la jeune femme esquissait une mimique qui signifiait : « Vous voyez bien... docteur... »

Celui-ci les apaisa tous deux d'un signe.

– Je suis sûr que vous ne le faites pas exprès, dit-il à Georges. Si vous aviez l'intention de jouer une comédie vous l'auriez jouée à fond...

Un instant, Georges crut triompher. Un instant seulement car le chirurgien enchaînait :

– Tout à l'heure vous auriez évité de mentionner que Mme Romery était rousse.

Cette remarque, Georges l'attendait et il perdait pied devant cette logique de l'absurde.

– J'ai dit ça au hasard.

– Avouez que le hasard fait bien les choses. Et puis, vous n'allez tout de même pas attribuer au hasard tous ces noms qui vous reviennent en mémoire ?... Ils existent en vous.

Indéniables pourtant, ces curieuses réminiscences. Troublantes aussi. L'espace d'une seconde, Georges eut l'impression de se dédoubler.

Par-dessus le lit, Christiane tendit une photographie au docteur, qui l'examina et la plaça à son tour sous les yeux du blessé.

– Ça vous dit quelque chose ?

C'était une épreuve d'amateur, de petit format : un homme en casque colonial et tenue de toile blanche s'appuyait contre un arbre. D'une large incision faite dans l'écorce suintait une sorte de sève épaisse qui coulait dans un récipient accroché au tronc. Le dispositif rappelait la récolte de la résine dans les Landes; mais là, le décor était exotique et l'arbre n'était pas un pin.

Georges haussa son épaule valide. Alors, le chirurgien remplaça la photo par un miroir et Georges faillit ne pas reconnaître sa propre image tant elle était différente de celle qu'il avait conservée dans sa mémoire. Hâve, pâle, le bord des paupières presque sanguinolent avec des yeux qui semblaient s'être rétractés au fond des orbites, il n'était plus que l'ombre de lui-même.

Il caressa d'un doigt indécis ses joues creuses et mal rasées. « Oui, c'est bien moi... »

Il pencha le miroir et aperçut les deux clairières que le rasoir avait faites dans sa chevelure noire et embroussaillée, deux clairières parcourues chacune par un bourrelet rosâtre...

– Vous ne m'avez pas encore ôté les points.

– Dans quelques jours, cher monsieur.

– J'ai beaucoup changé.

– Évidemment, vous êtes une sorte de revenant... Voulez-vous examiner de nouveau la photo ?

Georges reprit l'épreuve.

– Je suppose, dit-il, que les arbres sont des

hévéas et qu'il s'agit de la récolte du latex... Ce n'est pas sorcier à deviner. Quant à l'homme...

– C'est toi, voyons ! s'exclama Christiane.

Georges retint un sursaut d'indignation. Jusque-là son regard avait été distrait par les détails du décor insolite, par le costume du personnage... Il se fixait maintenant sur le visage de l'homme, à peine plus gros qu'un petit pois et à moitié perdu sous le casque colonial. Aucun doute !... Ce visage, c'était le sien, son visage d'avant l'accident !

– Que signifie cette mascarade ?

– Vous l'entendez, docteur ?

Christiane adoptait un ton d'institutrice d'école maternelle :

– C'est toi, voyons, dans notre plantation de Long Thanh.

Et Mars renchérissait :

– Épreuves à l'appui si l'on peut dire. Vous n'avez pas de frère jumeau...

– C'est un sosie alors...

– Soyons sérieux !

On lui montrait une seconde photo ! C'était encore lui en tenue coloniale, mais tête nue cette fois, en train de prendre l'apéritif dans une véranda en compagnie de Christiane.

Les photos volèrent au pied du lit, le miroir alla s'écraser contre la cloison.

Georges tremblait de tous ses membres, ses nerfs le lâchaient.

Le Dr Mars fouilla dans sa trousse, prépara une seringue...

L'effet du médicament ne se fit pas attendre. Comme chaque fois, une sorte de résignation, de détachement plutôt, succéda à la révolte. Apaisé, le blessé ne broncha pas tandis que le praticien achevait de le panser.

Quelques secondes plus tard, le crâne orné de deux croix de sparadrap, il laissait errer son regard autour de lui pour la première fois. Pour la première fois – conviction intime – il voyait cette chambre confortable : une pièce claire au plafond haut bordé d'une grosse moulure, des murs recouverts d'un papier peint vert tendre, une armoire de chêne massif, des meubles rustiques mais cossus.

Installé dans un fauteuil aux pieds torses, le docteur rédigeait une ordonnance tout en lisant ses prescriptions à Christiane debout à côté de lui.

– Je crois que ça suffira, conclut-il en récapitulant une longue liste. En cas d'exaltation trop grande il conviendrait de faire une piqûre... L'ennui est que vous êtes assez isolés et qu'une infirmière...

– J'ai mon diplôme de la Croix-Rouge, dit Christiane.

– Dans ce cas, parfait !

Le chirurgien se leva pour venir serrer la main du blessé.

– Et voilà, cher monsieur. En vérité, vous êtes votre propre médecin : bien manger, bien dormir et ne penser à rien d'autre qu'à vous retaper physiquement. Le physique d'abord, le reste suivra automatiquement.

Georges ruminait ses pensées. Le docteur poursuivait :

– Surtout ne vous tracassez pas. J'ai un ami à Nice, un grand spécialiste de ces sortes de troubles...

– Vous voulez dire un « psychiatre » ?

– J'hésite souvent à prononcer le mot... Il effarouche encore certaines gens... Bien à tort, d'ailleurs... Les psychiatres sont des médecins comme les autres... Nous pourrions consulter celui-là.

Georges ricana :

– Et si je ne suis pas raisonnable, il m'enverra finir mes jours dans un asile.

– Vous voyez, vous aussi vous en êtes resté au temps de la fosse aux serpents, dit Mars d'un ton de reproche.

D'un index expert, il souleva les paupières du patient :

– Je vais vous ajouter un collyre... Vous en mettrez une goutte dans chaque œil matin et soir.

– Quand pourra-t-on ouvrir les volets ? s'enquit Christiane.

– Tout de suite, chère madame. Cependant je conseillerais à monsieur...

Un temps d'arrêt après « monsieur », un trébuchement à peine perceptible, comme si, voulant éviter un nouvel éclat, le chirurgien escamotait le patronyme.

– Je conseille de porter, pendant au moins une semaine, des verres fumés au grand jour.

Du tiroir de la table de chevet, Christiane sortit une paire de lunettes qu'elle posa sur le revers du drap. Georges les prit. Elles étaient analogues aux siennes, comme les siennes sans monture, les verres teintés retenus à l'armature métallique par un fil de nylon. En les considérant de plus près, il les reconnut soudain ! La branche de droite, si incurvée, c'était lui qui l'avait tordue de façon aussi particulière à cause de la charnière qui avait joué.

– Ce sont mes lunettes !

L'exclamation, qu'il n'avait pu retenir, attira aussitôt une réplique de Christiane :

– À qui veux-tu qu'elles soient ?

Comme pour ponctuer sa phrase, elle repoussa d'un coup sec les volets qui claquèrent contre la façade.

Georges cligna des yeux et mit ses lunettes. Le soleil inondait la chambre, le lustre de cuivre se parait de reflets rougeoyants.

– Il faudra aussi vous lever, dit Mars.

– Quand ?

– Le plus tôt possible. Tenez, voulez-vous que nous essayions de marcher jusqu'à la fenêtre ?

Ce ne fut pas une mince affaire. D'abord, Georges s'assit sur le bord du lit et son pyjama de soie grenat chatoya au soleil. Sous la veste, dont on ne lui avait enfilé que la manche gauche, le plâtre de son épaule droite lui paraissait un fardeau harassant. Les murs de la pièce entamèrent une lente giration. Il serra les dents.

Le rectangle de la fenêtre redevint clair et net. Sous ses pieds nus, Georges sentit le contact d'une moquette de laine.

– On peut y aller.

Soutenu par le docteur et la jeune femme, il fit quelques pas mal assurés. Ses jambes molles le supportaient à peine... Et toujours cette carcasse si lourde !

Le rebord de la fenêtre contre lequel il cala son corps vacillant lui permit de souffler. D'un premier étage, il dominait des massifs de mimosa en fleurs qui s'étendaient jusqu'à un proche bois de pins. L'air était tiède, fleurant bon la résine et les effluves marins. Et par-dessus tout cela, un ciel bleu très pur, un ciel de Côte d'Azur.

Auprès d'un mimosa dont le dôme d'or lui procurait une ombre légère, un homme d'une trentaine d'années astiquait une voiture américaine. Il se retourna et Georges reçut un choc.

Vêtu d'une salopette bleue, l'inconnu était grand, bien découplé, avec un visage énergique. Déjà, ce n'était plus un inconnu. Les souvenirs affluaient...

Fred, ce vieux Fred dont Georges avait fait la connaissance à Marseille. Fred qui buvait ferme et avait l'argent facile... Fred enfin, avec qui il avait pris cette fameuse cuite ce fameux soir de l'accident.

En quelques minutes, Georges venait de retrouver deux repères familiers, incontestables, de son ancienne existence : les lunettes et Fred !

Il cria de toutes ses forces :

– Fred !... Eh ! Fred...

Fred releva la tête et agita un bras au bout duquel s'égouttait une éponge :

– Salut ! cria-t-il.

La joie faisait battre à se rompre le cœur de Georges, l'espoir aussi. En voilà un au moins qui...

– Monte !... Tout de suite !

Fred jeta l'éponge dans un seau, s'essuya les mains à la salopette et courut en direction de la maison.

Christiane était rayonnante.

– Alors, tu le reconnais, lui ?

– Bien sûr, c'est Fred !

– Fred ou Frédéric, c'est la même chose. Frédéric Launay, ton ami.

Frédéric ! Elle était là l'origine de ce prénom qui s'était mêlé à la ronde des mots incompréhensibles. Des quantités de points obscurs allaient enfin s'éclaircir.

Il lui semblait que le soleil pâlissait, que le disque incandescent s'amenuisait, tout là-bas, au fond d'un paysage de plus en plus flou. L'horizon chavira.

Le blessé avait trop présumé de ses forces. Il était en nage, ses jambes ne le portaient plus. Ce fut à grand-peine que, toujours aidé par les deux autres, il parvint à regagner son lit.

Anéanti, il se laissa retomber en arrière sur les oreillers, les yeux mi-clos, la respiration courte.

– Vous voyez, dit le chirurgien, la mémoire vous revient peu à peu.

La porte s'ouvrit. Frédéric, le visage épanoui, se précipita vers le lit.

– Salut, mon vieux ! Si tu savais l'effet que ça m'a fait quand tu m'as appelé. Je n'osais plus me montrer... À la clinique je n'étais pour toi qu'un étranger.

Il s'emparait de la main du blessé, la serrait avec effusion.

– Je suis content ! rudement content !

Georges était si las que parler lui coûtait un effort immense. Pourtant, une ardeur intérieure l'animait qui faisait se bousculer les paroles sur ses lèvres :

– Fred !... Fred !... Écoute... Tu étais avec moi le soir de l'accident...

– Avant l'accident, oui.

Un nuage passait dans les yeux de Launay :

– Nous avons bu... beaucoup trop. Ce que j'ai pu le regretter !

– Ne regrette rien... Tout est fini !

Georges en bégayait d'émotion :

– Dis seulement au docteur que nous n'étions pas... que nous n'étions pas à Saint-Tropez... Mais qu'on s'est soûlés... Qu'on s'est soûlés à Marseille.

Il était si sûr de la réponse qu'il interpréta le hochement de tête de Fred comme un signe d'assentiment.

– Dis-lui aussi comment je m'appelle.
– Comment tu t'appelles ?
Frédéric Launay avait perdu son bel enthousiasme. Il posait son regard interrogateur sur Christiane... puis sur le Dr Mars. Le silence s'éternisait...
Georges avait le feu aux joues.
– Dis-le !... Dis-le donc !
Comme quelqu'un qui se plie au caprice d'un grand malade sans chercher à comprendre, Frédéric se décida :
– Romery, parbleu !
– Alors, toi aussi...
Le poing tendu, Georges vociférait :
– Tu mens, vous mentez tous !... Vous êtes tous d'accord !... Vous profitez de ce que je suis impotent sur ce lit... Bande de salauds !... Salauds !
– Qu'est-ce que tu as ? bredouilla Frédéric.
Il se tourna vers les deux autres.
– Qu'est-ce qu'il a ?... Qu'est-ce qui le prend ?
Sur un signe discret de la jeune femme, il s'éclipsa, penaud d'avoir provoqué cet accès de fureur.
Mars s'approcha du lit.
– Soyez raisonnable, cher monsieur.
– Raisonnable ! vous en avez de bonnes !
– N'empêche que si vous continuez à vous mettre dans de tels états, vous compromettrez votre guérison. Si vous désirez rester ici...
– Mais je ne désire pas rester ici !
À son tour, Christiane s'avançait, caressait de sa main fraîche le front brûlant du blessé.
– Mon chéri, tu ne veux pas qu'on t'envoie dans une maison de santé, dis ?
« Maison de santé !... » Georges avait bien

compris l'euphémisme. Maison de santé !... C'est-à-dire chez les dingues !... Ils devaient déjà avoir envisagé ensemble cette éventualité tous les deux, le docteur et Christiane !

– Je me défendrai... Je ferai appel à la police.

– Bien sûr, cher monsieur, dit le chirurgien d'un ton trop conciliant. Vous ferez ce que vous voudrez, n'est-ce pas, madame ?

– Je ne demande pas mieux si cela pouvait le tranquilliser.

Ils lui parlaient comme à un enfant. Comme à un enfant ou comme à un malade mental.

Georges eut peur tout à coup, peur de l'avenir. Il oubliait le présent, ses contradictions, pour ne penser qu'au sort qui l'attendait peut-être demain, après-demain ou dans huit jours. L'asile d'aliénés, on y entre pour un traitement d'un mois, on y reste toute la vie !

Plus il crierait et moins on le croirait. Il deviendrait fou pour de bon.

C'était à se frapper la tête contre les murs.

– Je ne suis pas fou, dit-il à mi-voix au médecin.

– Je vous le répète : vous faites de l'amnésie compliquée d'un peu... disons de dédoublement de personnalité. À propos, n'auriez-vous pas connu un certain Campo ?... Un Campo avec qui vous auriez été assez lié pour qu'il vous ait raconté sa vie ?

– Puisque je suis Campo.

Cela revenait comme un leitmotiv, absurde, sans aucune portée à force d'être rabâché. On ne l'écoutait même plus. Il était pris dans un collet : plus il se débattrait, plus le nœud coulant se resserrerait.

Déjà, la redoutable perspective de l'hôpital

psychiatrique se profilait à l'horizon. Il ne savait plus, il était si faible... Le passé, le présent et le futur s'entremêlaient en un magma de pensées informes dont il n'était plus le maître. Les noms brésiliens voisinaient avec les noms indochinois... Et ces photos qui dansaient devant ses yeux... Et puis encore, comment savait-il que sa femme était rousse ?... Non, pas sa femme !... C'était à en perdre l'esprit !

Christiane devina-t-elle les affres qu'il endurait ? Il l'entendit demander au Dr Mars :

– S'il reste calme, sera-t-il absolument nécessaire de consulter un...

Elle laissa sa phrase en suspens comme si elle aussi appréhendait le pouvoir maléfique de certains mots. Mais le praticien enchaînait avec une autorité toute médicale :

– Un psychiatre ? Rien ne presse. Nous en reparlerons plus tard.

Christiane recommença de caresser le front de Georges et, pour la première fois depuis qu'il avait repris connaissance, Georges ne se rebiffa pas. Il avait tant besoin d'une présence humaine.

– Tu vois, disait la jeune femme, si tu es raisonnable, tu n'iras pas dans une maison de santé. Ta convalescence, tu pourras la passer ici.

– Si vous êtes raisonnable, insista le chirurgien.

À bout de résistance, vaincu par la peur, Georges capitula :

– Je serai raisonnable.

Personne, même pas le Dr Mars, personne ne pouvait deviner l'angoisse qui l'étreignait... Personne, sauf lui, ne voyait ce point d'interrogation immatériel qui flamboyait et auquel venait se brûler sa raison chancelante.

4

Kiem avait abandonné ses *dép* au seuil de la chambre et, nu-pieds, il évoluait sur le tapis. La longue *ao daï* blanche tombant jusqu'aux genoux sur les jambes noires de son *quan daï* conférait au frêle domestique une allure presque féminine.

Feignant d'être assoupi, Georges observait l'Indochinois entre ses cils : épaules étroites sur lesquelles s'agitait une petite tête semblable à un point sur un i, cheveux noirs et lisses, face aplatie d'Asiatique, ridée comme une vieille pomme. Le cliché s'imposait.

Cinquante, soixante ans peut-être ?... Kiem n'avait pas d'âge. Il semblait sorti d'une de ces « chinoiseries » qu'on trouve partout dans les bazars. Il n'était qu'une image animée, insolite...

« Je ne rêve pourtant pas ! » se dit Georges. Depuis le départ du Dr Mars, le matin, il n'avait plus prononcé une parole. À midi, il avait dévoré en silence la purée et la viande grillée que le *boï* lui avait apportées sur un plateau : un repas copieux arrosé de champagne dont il avait bu deux grands verres.

Christiane n'avait fait qu'une seule apparition à la fin du déjeuner.

– Tu n'as besoin de rien ? Si tu veux quelque chose…

Il avait répondu d'un simple signe négatif et Kiem avait remporté le plateau. Georges s'était alors laissé glisser entre les draps – le champagne lui montait au cerveau – et il avait dormi d'un trait une bonne partie de l'après-midi.

Au réveil, la peur qui lui avait tordu le ventre, et avait provoqué la débandade de ses pensées, tout ce méli-mélo fait de certitudes et de doutes s'était décanté pour aboutir à une idée majeure :

« Si je ne me contrôle pas, je finirai au cabanon.»

Il appela :

– Kiem !

Le *boï* accourut, souriant de toutes ses dents soigneusement laquées de noir.

– Dis-moi, tu es à mon service depuis combien de temps ?

Le *boï* compta sur ses doigts :

– Huit ans, monsieur… depuis le mariage de Monsieur.

– Et avant ?

– Avant ?… J'étais au service de Mlle Christiane.

Le sourire du domestique s'élargit :

– Je l'ai vue petite comme ça !

– Et les parents de Christiane, où sont-ils ?

Le visage de Kiem se ferma.

– Monsieur sait bien.

Son pouce décrivait un arc de cercle autour de son cou. Il laissa tomber laconiquement :

– Viêt-minh !

Sur l'insistance de Georges, il narra sa fuite avec la jeune fille à travers une contrée hostile, la longue randonnée finale à bord d'un camion militaire jusqu'à Long Thanh…

– Monsieur a été bien bon de nous recueillir.

Georges avait écouté le récit avec le simple intérêt d'un auditeur étranger à l'histoire. Les mots, les circonstances n'éveillaient en lui aucun écho. Ils ne pouvaient éveiller aucun écho puisque... Long Thanh, pourtant...

Il demanda tout à coup :

– Tu as connu Campo ?

Le *boï* secoua négativement la tête.

– Qui est Frédéric Launay ?

– Un ami de Monsieur.

Un ami !... Il fallait être patient.

– Il était en Indochine aussi ?... Dans notre plantation ?

Georges jouait le jeu, disait « notre » plantation. Il devait se retenir pour ne pas dire « ma femme » en parlant de Christiane:

– M. Launay demeurait à Saigon, répondit Kiem. Il venait souvent à la plantation.

– De quoi s'occupait-il ?

– Exportation de caoutchouc.

– Et maintenant ?

– Toujours de caoutchouc... En importation cette fois. Il est rentré en France un peu après Monsieur.

– Il habite ici ?

– M. Launay a une propriété à Saint-Tropez mais Madame lui a demandé de s'installer ici depuis le... l'accident.

Georges ne put s'empêcher de ricaner.

– Elle a peur de moi ?

Le *boï* porta machinalement sa main à ses lèvres tuméfiées.

– C'est moi qui t'ai fait ça ?

Plutôt que de répondre directement, Kiem justifiait la présence de Frédéric :

– On n'a pas le téléphone... Madame peut avoir besoin à tout moment d'un médecin... ou de quelqu'un d'autre. M. Launay a sa voiture.

– Il n'y a donc personne aux alentours, pas de voisins ?

D'un geste, Kiem embrassa l'horizon :

– Personne. La pinède et puis la mer.

La pinède !... La mer !... Cet isolement des lieux concrétisait l'isolement moral de Georges. Robinson, dans son île déserte, était au moins libre de ses mouvements...

« C'est ça, pensait Georges. Il faut sortir de ce lit le plus tôt possible... Il faut que je puisse circuler à ma guise... sans avoir besoin des autres. »

Il avait fermé les yeux pour réfléchir et Kiem s'était écarté du lit. Il le rappela d'une voix à laquelle la détermination donnait un accent de dureté. Le *boï* s'avança, le dos rond.

– Approche... Ne crains rien... Tu vas m'aider... Je veux marcher un peu.

Il enfila la manche gauche d'une robe de chambre en laine des Pyrénées bleu marine. Le côté droit fut seulement posé sur l'épaule plâtrée. Après que Kiem eut noué la cordelière, Georges constata que la robe était à sa taille... comme le pyjama... comme les pantoufles de cuir étaient à sa pointure. Extraordinaire !

Appuyé sur l'Indochinois, il fit trois tours de chambre. Déjà, l'expérience était moins pénible que la fois précédente mais, au quatrième tour, ses forces le trahirent.

– Monsieur se recouche ?

– Non ! je vais m'asseoir.

Il s'affala dans un fauteuil et récupéra très vite : un bon signe. Un bon signe aussi, l'envie qui le prenait soudain de fumer.

À peine en eut-il manifesté l'intention que Kiem, plissant ses petits yeux, laissa filer entre ses dents son rire de crécelle :

– Monsieur n'a pas tout oublié !

Et il s'éclipsa avec vélocité.

Georges était encore en train de se demander pourquoi le *boï* avait eu cet air complice lorsque la porte s'ouvrit avec fracas. Christiane l'apostropha :

– Tu ne te souviens de rien, ni de moi ni de personne… Tu as perdu la mémoire, que tu dis… Mais de cette saleté-là, tu t'en souviens !

Frédéric la suivait, suivi lui-même d'un Kiem à la mine contrite. Éberlué, Georges les considérait sans un mot.

– Qu'est-ce que vous me chantez là ? dit-il enfin.

– Ne fais pas l'innocent !… J'ai surpris Kiem dans la bibliothèque… Ce n'est peut-être pas toi qui désires fumer ?

Georges sentit la moutarde lui monter au nez.

– J'ai tout de même droit à une cigarette, non ?

Christiane leva les bras au ciel et les laissa retomber en soupirant.

– Parlez-lui, vous, dit-elle à Launay. Vous êtes son ami, il vous écoutera peut-être. Moi, je préfère m'en aller.

Elle poussa le *boï* devant elle et referma la porte.

– Elle est cinglée, grogna Georges.

Frédéric s'installait en face de lui, à califourchon sur une chaise.

– Mets-toi à sa place, mon vieux : tu dis que tu ne te rappelles rien…

– Laissons ce sujet de côté, coupa Georges.

Il craignait de s'emballer et il ne le voulait à aucun prix.

– Comme tu voudras, concéda Frédéric. Seulement permets-moi de te dire que Christiane a raison : tu ne dois pas recommencer à fumer. Dans l'état où tu es... (Il chercha un instant puis, évitant les formules alambiquées, il jeta tout à trac :) Tu sais très bien que si tu continues au rythme que tu avais, l'opium te pourrira jusqu'à la moelle.

L'opium ! Le malentendu apparaissait dans son énormité.

– Tu divagues, mon pauvre Fred !... Vous divaguez tous dans cette maison !

Comme Christiane parfois, comme le Dr Mars, Launay le raisonnait :

– Pourquoi t'obstiner à le nier ?... Ta femme a surpris le *boï* en train de préparer le matériel dans la bibliothèque. Si tu n'avais pas commandé à Kiem...

– Je n'ai rien commandé du tout. J'avais envie d'une cigarette...

Launay esquissa une moue de scepticisme :

– Ne joue pas sur les mots.

Georges y renonçait. Frédéric ne le croirait pas, personne ne le croirait. Lui-même en arrivait à s'interroger... Campo ne se droguait pas; Romery abusait de l'opium... On lui volait son passé, on lui imposait un présent qu'il rejetait par tous ses pores.

Launay lui toucha le genou :

– Dis donc, Georges, tout à fait entre nous, que comptes-tu faire ?... Tu ne vas pas rester comme ça ?

– Comme quoi ?

– Mars est un excellent chirurgien... ce n'est pas un médecin...

D'un coup d'œil en biais, Georges jaugea son interlocuteur :

– Tu veux dire que je devrais consulter un psychiatre ?

– Il me semble que l'avis d'un spécialiste…

– On t'a chargé de faire la commission ?

Georges prévint une protestation :

– Admettons que je sois Romery…

– Tu n'en doutes pas, j'espère ?

– Je dis « admettons » !

À son tour Frédéric lui coupait la parole :

– Voilà ce qui est terrible, mon vieux : tu n'as plus confiance en nous… Je comprends, ce n'est pas drôle pour toi, mais pense à Christiane.

Il paraissait sincèrement affecté :

– Il y a des moments où c'est aussi affolant pour nous que pour toi, tu sais… C'est un peu comme si nous étions d'un côté d'une muraille de verre et toi de l'autre, nous tournant le dos. Nous te voyons, nous t'appelons et tu ne nous entends pas.

Il s'animait, défendait sa cause avec chaleur :

– Je suis ton ami, Christiane est ta femme… Crois-moi, je te jure, il faut d'abord nous croire.

Il interrompit brusquement sa plaidoirie devant le visage buté de Georges. Le sien exprima un découragement infini :

– Que veux-tu que je te dise !

Georges non plus n'avait rien à dire… ou plutôt il en avait trop, et toujours, toujours les mêmes choses.

Lui aussi, il avait l'impression de se trouver de l'autre côté d'une muraille de verre sans parvenir à se faire entendre. Alors, à quoi bon discuter ?

Frédéric avait tiré un paquet de cigarettes de sa poche :

– Une gauloise ?

L'atmosphère se détendit. Georges aspira avec volupté la fumée qui raclait la gorge.

– Qu'est-ce que je fumais... avant ?

Le « je » était venu tout naturellement sur ses lèvres. Aussi naturellement, Launay répondit :

– Des gauloises... comme moi !

Il approchait du fauteuil un guéridon sur lequel trônait un énorme cendrier en céramique de Vallauris. Pensif, Georges oubliait de tirer sur sa cigarette. Toutes ces affirmations qu'on lui assenait depuis deux jours émoussaient sa conviction.

Campo ou Romery ?... Il se souvenait du premier avec la mémoire du cœur beaucoup plus qu'avec celle de l'esprit. La mémoire des noms, seule, lui rappelait le second. Il jeta sa cigarette éteinte dans le cendrier.

– Tu veux que je t'aide à te mettre au lit ? proposa Frédéric.

Depuis que le soleil avait plongé derrière la pinède, la nuit tombait avec rapidité et l'obscurité finissait d'envahir la chambre. Georges accepta l'offre et se recoucha.

Quelques minutes plus tard, Christiane entra, portant un verre dans lequel elle tournait une cuillère à café :

– Tiens, bois ça.

– Qu'est-ce que c'est ?

– Un remontant que t'a prescrit le Dr Mars. Tu as aussi des pilules avant chaque repas et des gouttes pour le soir...

Tout en parlant, elle interrogeait Launay du regard.

– On a causé, dit Frédéric. On s'est expliqués. Tout à l'heure, il y a eu malentendu... Georges avait seulement envie de fumer une cigarette... Kiem a interprété à sa façon.

Il s'inclina vers le blessé sous prétexte de reprendre le verre vide et lui adressa un clin d'œil de connivence.

Georges ne réagit pas, occupé qu'il était à suivre les allées et venues de Christiane dans la pièce : elle donnait de la lumière, tirait les doubles rideaux, rangeait la robe de chambre au pied du lit.

D'après le récit de Kiem, elle devait avoir environ vingt-six ans… Vêtue d'un pantalon blanc étroitement ajusté et d'un pull-over noir soulignant la poitrine agressive, elle était mince, parfaitement proportionnée. Son corps ondulait harmonieusement au rythme de sa démarche. Ses boucles d'un roux ardent faisaient ressortir la profondeur de ses yeux verts… Pour la première fois, Georges voyait en elle la Femme. Sa femme s'il le désirait. Ses instincts se réveillaient, son imagination travaillait : il suffirait sans doute qu'il le voulût pour qu'elle vînt le retrouver cette nuit !

Elle rectifiait l'ordonnance du drap.

– Kiem va t'apporter ton dîner.

– Je n'ai pas faim.

Pour la première fois aussi, il retrouvait l'odeur de la jeune femme. Où avait-il déjà respiré ce parfum ?

Sans paraître se rendre compte de l'effet qu'elle produisait, elle le gronda gentiment :

– Que dirait le Dr Mars s'il apprenait que tu as sauté un repas ? Il a été formel : bien manger, bien dormir… Il faut faire un effort. Ensuite je viendrai te mettre ton collyre.

Les paroles frappaient ses oreilles sans retenir son attention accaparée par des sensations qui faisaient courir dans ses veines un sang neuf et viril.

La voix de Frédéric fit diversion :
– Si tu veux des journaux…
Georges se cramponna à cette idée pour dissimuler sa gêne :
– Volontiers… À propos…
Il hésita imperceptiblement avant de formuler sa question :
– A-t-on mentionné l'accident dans la presse ?
– Dans *Le Provençal*… J'ai conservé le numéro. Je vais te le chercher.
Georges resta seul avec Christiane. Elle s'était assise au bord du lit, appuyée sur l'un de ses bras tendu derrière elle. À travers les couvertures, il sentait la hanche de la femme contre la sienne, il devinait sous le pull-over tendu la forme parfaite des seins. Il ferma les yeux. Le contact d'une main sur sa joue le fit tressaillir.
– Demain il faudra te raser, murmura Christiane en caressant un menton bleu.
Chacun de ses attouchements était comme une brûlure. La main descendait le long du cou, s'insinuait dans l'échancrure du pyjama, s'attardait sur la peau frémissante. Georges saisit brutalement le poignet et le serra très fort. Ils se regardèrent fixement, sans rien dire : lui, soulevé par un désir qu'il n'avait plus éprouvé depuis longtemps; elle, jouissant du trouble qu'elle provoquait. Lèvres entrouvertes, elle souffla :
– Tu me retrouves, non ?
L'irruption intempestive de Frédéric rompit le charme. Il portait un paquet de revues sous le bras et brandissait un journal :
– Voilà.
Il déplia *Le Provençal* dont la première page était consacrée en grande partie au Carnaval de Nice. Tout à fait en bas, dans le coin de droite,

quelques lignes servaient de légende à une photo représentant les restes d'une voiture renversée au fond d'un ravin.

– C'est ta pauvre Lancia... Et tu étais dessous !

Georges lut :

TERRIBLE ACCIDENT DE LA ROUTE

Cette nuit, M. Georges Romery, au volant de sa Lancia, a dérapé dans un virage particulièrement dangereux de la route qui descend vers Le Rayol.

En pleine vitesse le véhicule a quitté la chaussée pour aller s'écraser plusieurs mètres plus bas. Mme Romery, qui se trouvait à côté de son mari, a fort heureusement été éjectée de la voiture décapotée avant que celle-ci ne se retourne.

Ayant atterri dans un buisson qui a amorti sa chute elle en a été quitte pour la peur... et quelques contusions.

Quant à M. Romery, coincé par le volant, il est resté prisonnier sous la voiture. Son état est très grave. On l'a transporté d'urgence à la clinique du Dr Mars à Saint-Tropez où l'on désespère de le sauver.

Le Provençal était daté du 12 février.

– Le combien sommes-nous ? demanda Georges.

– Le 4 mars, répondit Christiane.

Trois semaines déjà !... Georges n'avait pas la notion du temps écoulé, tout se brouillait. Il lâcha le journal avec lassitude.

– Je voudrais me reposer.

– On va te laisser, dit Christiane. Veux-tu que j'éteigne ?

Il fit signe que non et il attendit qu'ils fussent sortis tous les deux pour reprendre *Le Provençal*. La photo le fascinait. Il avait donc été retiré de là-dessous, de sous cet amas de ferraille.

« Un vrai miracle ! » avait dû proclamer le Dr Mars.

Georges relut l'article avec application : *Cette nuit, M. Georges Romery, au volant de sa Lancia, a dérapé dans un virage particulièrement dangereux de la route qui descend vers Le Rayol...*

Le Rayol !... Il n'avait même pas demandé où était situé Le Rayol... Il n'avait jamais entendu parler du Rayol !...

La route des points d'interrogation recommençait, irritante. Toutes les hypothèses étaient permises. Georges les envisageait toutes, de la plus banale à la plus rocambolesque. Mais toutes, en fin de compte, se résumaient à deux, aussi affolantes l'une que l'autre.

De deux choses l'une : ou bien il était Romery et alors, vraiment, il échouerait tôt ou tard dans un hôpital psychiatrique; ou bien, comme il le croyait, il était Campo et, dans ce cas, à quoi rimait cette conspiration dont il était victime ? Que cherchait-on à obtenir de lui ?

Il n'était sûr de rien sinon qu'il fallait se méfier de tout et de tous.

Se méfier de tous sans exception... Même et surtout du Dr Mars qui risquerait d'ajouter à son diagnostic une de ces formules à faire trembler de terreur.

« Amnésie »... « Dédoublement de personnalité »... Et pourquoi pas ensuite « Manie de la persécution » ?

5

Sous un soleil de plomb fondu, la plantation de caféiers s'étend à perte de vue. Une lente mélopée monte de la masse des ouvriers noirs qui cueillent les cerises contenant le précieux grain.

Au volant du camion chargé de fruits qui roule vers les hangars de la *fazenda*, Georges suffoque de chaleur. Soudain, il pousse un juron, bloque les freins... Trop tard !... L'homme qui a surgi inopinément sur le bord du chemin est tombé.

Georges saute à terre, court vers lui, mais l'autre s'est déjà relevé.

– Vous ne pouvez pas faire attention ! tempête Georges, encore pâle d'émotion. Vous traversez en aveugle !

L'homme, c'est Hernando Galvao, le contremaître. Il a eu peur, lui aussi, et sous son large chapeau de paille sa face brune a viré au cramoisi... L'injure aux lèvres, il marche sur Georges, le poing levé.

– Vous avez tort et vous m'insultez ? s'écrie Georges.

À son tour, il écume de colère... Et sur cette

colère, vient se greffer, en surimpression, la certitude que cette scène est réelle, qu'il l'a vécue…

Sa colère s'est muée en fureur et, sans qu'il ait eu conscience de la transition, elle a changé d'objet… comme ont changé les décors et les personnages. Seul le soleil de plomb fondu est resté le même. Il darde ses rayons implacables sur la plantation.

Mais les caféiers se sont transformés en hévéas, le camion en voiture de tourisme et l'arrogant Hernando Galvao en un Kiem humble et craintif.

Georges est en tenue blanche de colonial. Sous son casque, la sueur ruisselle le long de ses joues, comme elle ruisselle sur le torse nu de l'indigène.

– Espèce d'abruti ! beugle Georges. Tu ne peux donc pas faire attention ?… Tu as failli te jeter sous mes roues.

L'attitude soumise du *boï* finit de l'exaspérer. Il soulève sa main armée d'une cravache.

– Sale *gnakoué* !

La lanière de cuir cingle la chair de l'Indochinois. Kiem vacille, grimace de douleur mais pas une plainte ne lui échappe. Une mince traînée sanguinolente barre son épaule droite. Kiem en gardera la cicatrice indélébile…

Encore à mi-chemin entre le rêve et la réalité, Georges émergeait péniblement du sommeil agité, poisseux, qui l'engluait encore.

Pourquoi avait-il rêvé de cet Hernando Galvao qu'il croyait avoir oublié depuis longtemps ?… Car il l'avait connu ce Brésilien irascible; la scène avait eu lieu. Plus que d'un rêve, il s'agissait d'un souvenir remonté du fond de son subconscient.

Au premier abord, la seconde scène paraissait n'être qu'une élucubration de dormeur. Cependant, si la raison la rejetait hors d'un passé avec lequel elle semblait n'avoir rien de commun, elle avait une présence qui la rendait aussi réelle que la précédente.

Kiem entra dans la chambre, sans bruit comme à l'accoutumée.

– Monsieur a bien dormi ?

– Pas mal, merci.

Georges regardait Kiem avec intensité. Le rêve l'obsédait.

– Viens par ici.

« Une cicatrice sur l'épaule droite... » L'*ao daï* était fermée au ras du cou.

– Plus près.

Discrètement, le *boï* cracha dans sa main sa chique de bétel et l'enfouit dans sa poche.

Il n'était guère rassuré.

– Monsieur n'est pas content ?

– Déboutonne ta veste.

Habitué à obéir, Kiem s'exécuta.

– Montre ton épaule... La droite.

La cicatrice était là !

– Qu'est-ce que c'est que ça ?

La réponse vint, celle que Georges appréhendait :

– Un coup de cravache, monsieur.

– C'est moi qui t'ai frappé ?

Georges n'attendit un acquiescement que pour la forme. Le cauchemar recommençait.

– Où ?... Quand ?... Pourquoi ?...

– À Long Thanh, monsieur...

– J'étais en voiture ?

– Votre Lancia, monsieur... J'ai traversé sans regarder.

– Pourquoi t'ai-je frappé, bon sang ?

– J'ai failli provoquer un accident... Vous êtes descendu, en colère...

– Tu ne vas pas me dire que je t'ai cravaché uniquement pour ça ?

– C'était ma faute, monsieur.

Georges découvrait peu à peu en Romery un personnage odieux auquel il était loin de ressembler.

Comment pouvait-on le confondre avec cette brute ?

Son regard tomba sur les lèvres tuméfiées de Kiem. Le coup de poing n'était-il pas un réflexe digne de Romery ? Un coup de poing, un coup de cravache...

Son désarroi s'exprima par du sarcasme...

– Je te frappe et tu restes avec moi ?

– Le maître commande, le serviteur obéit.

Kiem s'était incliné, image de la résignation orientale.

– Monsieur désire son petit déjeuner ?

– Oui, dès qu'il sera prêt.

Puis, voyant le *boï* se diriger vers la fenêtre pour en tirer les rideaux :

– Tu feras ça plus tard.

Rien ne lui était plus nécessaire qu'un peu de solitude pour assimiler ces deux effarantes interrogations. À moins d'être doué de double vue, comment aurait-il pu se rappeler la scène avec Kiem, s'il n'avait été lui-même Romery ?

À défaut de celui de double vue, avait-il le don d'ubiquité puisque sa dispute avec Hernando Galvao, il était sûr de l'avoir vécue ?

Pour le Brésil, des certitudes sentimentales. Pour l'Indochine, des preuves irréfutables. Avait-il donc existé aux deux endroits en même temps ? Supposition démentielle !

L'œil hagard, il cria pour faire venir quelqu'un. Christiane, Frédéric ou Kiem, n'importe qui pourvu que la voix de ce quelqu'un vînt couvrir la voix intérieure qui chuchotait :

« Le don d'ubiquité. Il n'y a que les cinglés pour avoir des idées pareilles. »

Ce fut Christiane qui accourut.

– Tu ne te sens pas bien ?

Il lui prit la main sans réfléchir.

– Reste là.

Sans réfléchir aussi, il l'avait tutoyée. Docile, elle s'assit à son chevet.

– Tu souffres ?

– Non. Ça va mieux.

Il recouvrait sa lucidité, la jeune femme lui apportant le réconfort de sa présence.

– Tu as tort de demeurer dans l'obscurité, dit-elle. Il fait si beau dehors.

Elle dégagea sa main.

– Je vais ouvrir la fenêtre.

Les doubles rideaux s'écartèrent sur un féerique décor de ciel bleu parcouru de vaporeuses volutes blanches.

Au premier plan, nimbée de lumière, Christiane se détachait à contre-jour. Avec sa simple robe de lainage vert et ses talons hauts, elle était encore plus féminine que la veille.

– Kiem m'a raconté, dit-elle en revenant vers le lit. Je suis contente.

– Contente que je sois une brute ?

– Contente que tu te rappelles. Mars m'a expliqué que tu aurais ainsi des flash-back de plus en plus nombreux. Et puis, un jour, tout te reviendra d'un seul coup.

Elle se pencha pour lui baiser la tempe et, de nouveau, il respira son odeur, tiédeur enivrante qui s'exhalait du décolleté généreux.

– Frédéric est allé en ville. Il va te rapporter des gauloises et des journaux.

Au diable les journaux et les cigarettes de Frédéric. C'était de tout autre chose que Georges avait envie. À ce moment précis, il était prêt à renier Campo.

– Crois-tu que, avec ton rasoir électrique, tu pourras te raser de la main gauche ?

Il possédait un rasoir, il le savait. Il n'avait même plus la curiosité de s'informer de quelle marque était celui qu'on lui proposait.

– Après le petit déjeuner, si tu veux, tu pourrais essayer d'aller jusqu'à la salle de bains.

Ce petit déjeuner lui parut particulièrement délicieux. Le rasoir que la jeune femme lui apporta ensuite était identique au sien. Bien plus, comme il avait reconnu les lunettes, il le reconnaissait, il avait souvenance d'avoir lui-même effectué cette épissure au cordon et d'avoir posé lui-même ce chatterton.

Il se rasa en se gardant de toute réflexion. Sa combativité s'émoussait. N'était-il pas bien soigné, dorloté, bichonné et n'avait-il pas à sa portée une femme qu'il désirait ? Que souhaiter de plus ?

N'était-ce pas folie que de refuser tout ça ? Oui, elle était là, sa seule folie. Pourquoi ne pas accepter cette convalescence agréable sans chercher midi à quatorze heures ?

Pour l'instant, il ne pensait qu'au plaisir de s'appuyer sur Christiane qui l'aidait à faire quelques pas. Il avait hâte d'explorer enfin les êtres.

– Allons jusqu'à la salle de bains.

Étroit à l'une de ses extrémités, le couloir s'élargissait à l'autre bout en une sorte de mezzanine surplombant un rez-de-chaussée que Georges ne pouvait apercevoir.

– Par ici, mon chéri.

Christiane l'entraînait vers une porte en verre martelé.

– Avec ton plâtre, pas question de te baigner ni de te doucher entièrement.

La salle de bains était un camaïeu de mosaïques bleues qu'éclairait une fenêtre aux vitres dépolies. Dans la pièce exiguë, il n'y avait guère d'espace libre entre le lavabo et la baignoire d'un côté, la douche et le gros chauffe-eau à gaz de l'autre.

Georges et Christiane se frôlaient au moindre mouvement. La jeune femme ferma la croisée, décrocha le flexible de la douche et fit couler l'eau chaude dans le bac.

– Ôte ton pyjama, je vais t'aider.

Elle endossait une blouse blanche dont elle retroussait les manches. Georges n'avait pas bougé.

– Eh bien, quoi ! s'écria-t-elle, qu'est-ce que tu attends ?

Comment lui dire qu'il n'osait pas se mettre nu devant elle ?... Pas dans ces circonstances, du moins. Ce qu'il aurait fait sans fausse pudeur devant une infirmière, il hésitait à le faire en présence de cette femme qu'il convoitait.

Elle s'en amusait.

– Tu sais, ce ne sera pas la première fois que je te verrai dans le costume d'Adam.

– Je... je préfère me débrouiller tout seul.

– Tout seul ? Comment feras-tu ?

En riant, elle fit mine de le bousculer un peu, tira sur la veste... Il se rétracta et son visage exprima une telle contrariété qu'elle eut le tact de ne pas insister.

– Veux-tu que j'attende devant la porte ?

– Inutile ! je regagnerai la chambre tout seul.

– Tu ne crois pas qu'il vaudrait mieux...

– Non ! je me sens assez fort.

Il avait répliqué sèchement pour couper court à toute discussion. Résignée, Christiane sortit, ferma la porte et la rouvrit aussitôt.

– Si quelque chose ne va pas, tu appelles...

Le battant de verre claqua, tiré par une main agacée. Georges pataugeait dans le bac, se savonnant tant bien que mal avec son unique main, plutôt mal que bien, mais c'était bon de faire une toilette même incomplète.

Traîtreusement fuyante, la savonnette lui échappa. Il se baissa pour la ramasser, son pied glissa... Emporté par le poids du plâtre, il perdit l'équilibre et tomba lourdement en heurtant de la tête le rebord du bac.

Le choc se répercuta dans son crâne en échos indéfiniment réverbérés mais il ne souffrait pas.

Avant de perdre tout à fait connaissance il lui sembla qu'une voix prononçait son prénom...

« Georges !... Georges... »

La voix s'enfla démesurément : c'était celle de l'instituteur de l'école communale :

« Georges !... Georges Campo... au tableau !... »

Et voilà que toute la classe éclatait de rire. Les élèves reprenaient en chœur sur l'air des lampions :

« Pas Campo, Romery... Pas Campo, Romery !... »

Sur ses jambes, l'eau de la douchette ruisselait, froide, de plus en plus froide...

*

– Encore une fois vous avez de la chance dans votre malheur. Vous vous en tirez avec une bosse au front. Mais quelle bosse !

Georges souleva ses paupières lestées de plomb. Dans la chambre, en face de lui sur un fond de soleil et de ciel bleu, le Dr Mars était debout, bras croisés, et poursuivait :

– Il était écrit que je serais votre Providence. Sans ma visite impromptue on ne serait pas allé vous prévenir à la salle de bains.

– Il ne faut rien exagérer, dit Georges en s'efforçant de sourire, une bosse ce n'est pas mortel.

– Aussi je ne parle pas de ça, mais du gaz qui s'échappait à pleins brûleurs du chauffe-eau.

Mars se tourna vers Christiane qui préparait des compresses de gaze imbibées d'arnica.

– On n'a pas idée, madame, de boucher les aérations d'une salle de bains équipée avec un chauffe-eau à gaz.

Georges rassemblait des idées éparses. On parlait de choses qu'il ignorait.

– Que s'est-il passé, docteur ?

– Vous avez sans doute été pris d'un malaise.

– Pas du tout ! j'ai simplement voulu ramasser la savonnette, je suis tombé et je me suis évanoui.

– Et au cours de votre chute, compléta le chirurgien, vous avez projeté le jet de la douchette sur le chauffe-eau. Les brûleurs ont été noyés. La pièce était envahie par le gaz... Aussi, madame, pourquoi avoir laissé notre blessé tout seul ?

Georges semblait s'être assoupi. La jeune femme lui appliquait sur le front une compresse fraîche.

Elle murmura :

– Vous avez raison, docteur, je n'aurais pas dû l'écouter.

Georges se taisait. Il se demandait comment, oui, comment il avait pu éteindre le chauffe-eau en noyant les brûleurs alors que, avant de se savonner, il avait fermé le robinet de la douchette.

Mais après tout, aurait-il pu affirmer qu'il l'avait vraiment refermé, ce robinet ?

6

S'appuyant sur la rampe de bois, Georges descendit l'escalier avec précaution. Il entreprenait sa première incursion au rez-de-chaussée alors que tout le monde le croyait en train de faire la sieste.

Point de tapis sur le sol carrelé. Des meubles hétéroclites, un bahut provençal, une banquette, quatre sièges de paille. Sur une sellette aux pieds tarabiscotés, face à un miroir recouvrant un pan de mur, un bouquet de mimosa s'épanouissait dans un vase de Chine.

Le convalescent s'aperçut dans le miroir : maigre silhouette dissymétrique dans sa robe de chambre mal ajustée dont la manche droite pendait.

Il se trouvait dans un hall inconnu et, pourtant, un sûr instinct paraissait le guider.

« La bibliothèque… la porte à droite du bahut… À droite du bahut… »

Une sorte de pari qu'il avait fait avec lui-même. Il tourna la poignée, poussa le battant. Un rayonnage chargé de livres reliés occupait le fond d'une vaste pièce lambrissée où le soleil pénétrait à flots par deux hautes fenêtres : la bibliothèque !

Comme dans un rêve, Georges s'avança, louvoya entre trois fauteuils et un guéridon, frôla une longue table de travail et vint se planter devant le rayonnage.

« Le troisième rayon... en partant du bas... Le troisième... »

Il se haussa pour déchiffrer les titres au dos des volumes et, bien qu'il s'y attendît, le saisissement lui coupa le souffle. La totalité du rayon était garnie d'œuvres consacrées au Brésil : romans, récits de voyages, études et essais, livres de géographie et d'histoire, albums de photos, etc. Le tout se rapportant au Brésil, uniquement au Brésil. Une documentation quasi inépuisable. De quoi se fabriquer un passé brésilien plus authentique que le vrai.

« Bon Dieu ! jura Georges. Je ne me suis rien fabriqué du tout ! »

Machinalement, il comptait les volumes :

« Un... deux... trois... quatre... »

Le cinquième était une monographie abondamment illustrée. Il l'ouvrit à la page de garde. Pourquoi savait-il qu'il allait trouver quelque chose sur cette page ?... Quelque chose mais quoi ?

Ces trois lignes manuscrites, sans doute, une simple dédicace qui en soi n'avait rien d'insolite...

À mon jeune ami Georges Romery, ce pâle reflet d'un pays que je connais bien et dont il rêve un peu grâce à moi.

Saigon, 1950.

Georges lâcha le livre pour s'agripper au montant de la bibliothèque.

À ses pieds, le rectangle blanc de la page de

garde le fascinait. Non ! ce n'était pas le contenu de la dédicace qui le plongeait dans cet état voisin de l'hébétude, c'était la signature tracée de la même main ferme que le reste : G. Campo.

La signature qui semblait être la preuve même de sa folie !

« Georges Campo. Ce n'est pas possible... Georges Campo c'est moi !... »

Réunissant en un ultime effort toutes ses énergies, il ramassa le livre et, d'un pas mal assuré, gagna le fauteuil le plus proche.

Il s'exhortait au calme :

« Voyons, mon vieux, ne t'énerve pas... Tu n'as jamais écrit cela... ce n'est pas ton écriture... »

Il remua les doigts gourds de sa main droite.

« Quand on m'ôtera le plâtre, je pourrai écrire et alors... »

La phrase demeura en suspens et Georges s'engagea, sans en avoir tout à fait conscience, dans une sorte de dialogue intérieur où s'affrontaient le « partisan de Campo » et le « partisan de Romery ».

– *Et alors, dit le premier, ça prouvera que je n'ai pas écrit cette dédicace.*

– *Évidemment ! rétorque le second. Puisque tu n'es pas Campo.*

– *En tout cas on pourra comparer mon écriture avec celle de Romery.*

– *Et cette fois ce sera la même.*

– *Ce n'est pas prouvé non plus.*

– *Alors attendons que tu puisses écrire.*

– *Attendons.*

La comparaison des écritures serait un test qui trancherait la question de façon définitive... Et Georges, tout à coup, appréhendait cette expérience...

– Je te croyais pourtant sûr de toi ! ricane le partisan de Romery.

– Je le suis toujours.

– Allons donc !... Tu crânes !... Tu es Romery, sinon d'où te viendraient toutes ces réminiscences sur l'Indochine ?

– J'en ai aussi sur le Brésil.

– Bien sûr, avec toute cette collection d'ouvrages... tu as trop lu !

– Ça non plus, ça ne prouve rien.

– Qui te parle de preuves ?... C'est une constatation, voilà tout ! D'ailleurs, si tu n'avais jamais vécu dans cette maison tu n'aurais pas connu l'emplacement de la bibliothèque.

Le partisan de Campo perd du terrain :

– Le hasard...

– L'instinct !... Si tu ignorais l'existence de ces livres... si tu n'es pas Romery, comment se fait-il que tu y sois venu directement ?... Le troisième rayon... le cinquième volume...

Pour le « partisan de Campo » c'était la débâcle. Georges se souvint d'une hypothèse du Dr Mars à propos du dédoublement de personnalité :

« N'auriez-vous pas connu un certain Campo ?... Un Campo avec qui vous auriez été assez lié pour qu'il vous raconte sa vie ? »

Vraisemblablement inspirée par le chirurgien, Christiane n'avait-elle pas suggéré elle aussi :

« Tu as peut-être connu un Campo ?... »

Il croyait l'entendre, la voix de Christiane, il l'entendait :

« Je suis de plus en plus inquiète... J'ai beau me raisonner... »

Mais cette fois la voix était réelle, se rapprochait, pénétrait dans la pièce :

– Je me demande comment tout cela va finir.

La jeune femme était dans la bibliothèque. Frédéric lui donnait la réplique :

– Pourquoi s'alarmer ? Le Dr Mars a dit...

– Mars est un excellent chirurgien, pas plus. Il va exiger l'intervention d'un psychiatre.

– Ce serait peut-être la meilleure solution.

– Non ! Je ne veux pas courir le risque de...

Georges s'était tassé dans son fauteuil. Le siège était profond et tournait le dos à l'entrée. De sorte que, de l'endroit où il se trouvait, le couple ne pouvait deviner la présence de l'occupant.

– ...Je ne veux pas courir le risque d'affoler Georges, poursuivait Christiane. Le seul mot de « psychiatre » le met dans un état...

Il y eut un silence puis Frédéric insinua :

– Peut-être ne tenez-vous pas non plus à ce qu'il recouvre la mémoire ?

Nouveau silence, interminable. Recroquevillé dans le fauteuil, Georges respirait à peine.

– Vous le détestez, n'est-ce pas ? reprit Frédéric.

– Je le détestais, rectifia Christiane. À ma place, n'importe quelle femme l'aurait détesté. Il m'a toujours considérée comme quantité négligeable et encore... s'il n'y avait que ça !

– Georges a toujours été pour moi un ami fidèle, trancha assez sèchement Frédéric.

– Comme ami peut-être. Mais comme époux...

– Je n'ai pas à juger la façon dont il se comportait avec vous.

– Vous ne nierez pas qu'il était violent, autoritaire, d'un égoïsme effréné ?

– Soyez juste : il vous a épousée, donc il tient à vous.

– À sa façon, oui... Comme on tient à une esclave. J'ai tout de suite deviné le fond de son caractère à sa manière de mener les *boï* et les ouvriers à Long Thanh. Son besoin de domination, je ne pouvais pas l'aimer !

– Alors pourquoi avez-vous accepté de devenir sa femme ?

– Par reconnaissance. Il m'a recueillie, vous connaissez l'histoire...

Elle se tut. Frédéric alluma une cigarette – Georges perçut le craquement de l'allumette – puis il demanda à brûle-pourpoint :

– Pourquoi me racontez-vous tout ça ?

– Pour répondre à votre insinuation de tout à l'heure.

– Alors j'ai raison : vous redoutez qu'il recouvre sa véritable personnalité ?

– Oui, c'est vrai... Je le redoute, avoua sourdement Christiane. Mais je voudrais en même temps qu'il me reconnaisse, qu'il sache que c'est moi sa femme. Parce que... depuis l'accident, depuis que je le vois si malheureux, si désemparé, si différent de ce qu'il était...

Elle hésita avant d'achever dans un souffle :

– Je crois que je commence à aimer mon mari !

Sa voix se brisa :

– Et voilà que lui, il se prend pour un autre, me traite comme une étrangère.

Elle renifla, au bord des larmes.

– Excusez-moi.

Le claquement de ses talons qui s'éloignait indiqua à Georges qu'elle venait de sortir précipitamment de la pièce. Frédéric la suivait, l'appelant en vain :

– Christiane !... Allons, Christiane, ne dramatisez pas !

Le son de sa voix décrût et mourut dans un bruit de porte vitrée qui se referme : la porte du vestibule. Ils devaient être dans le jardin maintenant.

Georges, enfin, osa remuer ses membres ankylosés. Cette déclaration d'amour, tout indirecte qu'elle fût, lui avait fait courir un frisson à fleur de peau. Mais il y avait tout le reste contre lequel son instinct s'insurgeait malgré l'évidence qui crevait les yeux.

Tout ce vide derrière lui, comment le combler ? Comment éclairer ces zones d'ombre ?... L'aide qu'on lui apportait ici était à sens unique.

Il s'extirpa de son fauteuil, replaça le volume sur le rayon et quitta la bibliothèque. La montée de l'escalier fut pénible. Il s'arrêta deux fois pour reprendre haleine et, quand il réintégra sa chambre, il était oppressé, flageolant sur ses jambes molles.

Dans un dernier effort, il se débarrassa de sa robe de chambre et se mit au lit. Quelle volupté de ne plus avoir à supporter le poids de son propre corps !... Durant quelques minutes, il ne pensa qu'au plaisir d'être étendu entre des draps frais tandis que, progressivement, tous ses muscles se décontractaient.

En même temps qu'une curiosité aiguisée et anxieuse, il éprouvait un vague sentiment de culpabilité : celui d'avoir violé l'intimité de la jeune femme.

Celle-ci, d'ailleurs, avait vu juste : Georges était désemparé et malheureux... Irrité aussi contre la bonne foi de Christiane et de Frédéric qui rendait inextricable une situation dans laquelle il s'enlisait chaque jour davantage. La conversation qu'il venait de surprendre était édifiante. Alors, pourquoi ne s'était-il pas montré ?... Pourquoi n'avait-il pas essayé, livre et dédicace en main, de résoudre avec eux le problème ? Pourquoi et de qui se méfiait-il ?

Plus que jamais il se sentait seul. C'est que, brusquement, lui revenait à l'esprit l'incident de la douche. Ne s'agissait-il que d'un incident ? Le point d'interrogation subsistait car, si Georges avait réellement refermé le robinet, qui était venu le rouvrir ? Qui avait profité de son évanouissement pour asperger les brûleurs du chauffe-eau ?

7

– Monsieur a trouvé bon ?... C'est moi qui ai cuisiné les *nem*, dit Kiem avec une pointe de fierté dans la voix.

– Félicitations ! répondit Georges en se renversant dans son fauteuil.

Il était sincère car il avait fort apprécié ces espèces de beignets farcis de viande et de poisson.

– Ils étaient frits à point, ajouta-t-il.

Il avait encore dîné dans sa chambre mais pas au lit cette fois. Après chaque repas, un optimisme relatif renaissait en lui comme si la machine humaine, ayant puisé de nouvelles forces, se remettait à fonctionner plus allégrement. Le champagne, dont il usait copieusement, n'était pas étranger à cette sorte d'euphorie.

Georges tendit la main vers le paquet de gauloises. Kiem, qui finissait d'empiler les assiettes sur le plateau, se précipita et lui offrit du feu.

– Monsieur n'a plus besoin de rien ?

– Non merci !... Tu éteindras en partant.

Le plateau calé contre la hanche, le *boï* trottina jusqu'à l'interrupteur.

– Bonne nuit, monsieur.

Durant une fraction de seconde Georges vit

encore le sourire énigmatique de l'Indochinois, puis l'obscurité se fit et Kiem sortit sans bruit en refermant la porte derrière lui.

Perdu dans ses pensées, Georges tirait mécaniquement sur sa cigarette. Le bout incandescent, ravivé à chaque inspiration, rougeoyait à intervalles réguliers. Le grésillement du tabac troublait seul le silence, soutenu en sourdine par la basse grondante du ressac. À l'entendre, la mer semblait plus méchante que les autres soirs.

Georges alla écarter les doubles rideaux de la fenêtre et colla son front à la vitre. Des nuages s'étaient amoncelés dans le ciel, masquant les étoiles, réduisant la lune à un globe opalescent sans luminosité. Au fond du parc, la pinède formait une barre noire, sinistre. Plus près, les masses claires des mimosas en fleurs frémissaient sous le vent d'est.

Tout à coup Georges sursauta... Là, derrière le massif, une ombre avait bougé, furtive... Un être, courbé en deux, rasant le sol... Encore une fois, rapide, entre deux autres massifs plus proches de la maison... Aussitôt vu, aussitôt évanoui !

La porte de la chambre s'ouvrit.

– Pourquoi restes-tu sans lumière ? demanda Christiane.

– Chut ! souffla Georges sans se retourner. Viens voir un peu.

Comme chaque fois qu'il ne se contrôlait pas, maintenant, il la tutoyait... sans doute par mimétisme, parce qu'elle n'avait jamais cessé, elle, de lui donner du « tu ».

Elle s'avança, indécise, remuant une cuillère à café dans un verre.

– Je t'apporte ton médicament.

– Tais-toi !

Elle s'effraya.

– Georges !... qu'y a-t-il ?

– Tais-toi !... Il y a quelqu'un en bas.

Elle arrivait tout contre lui, plongeait dans le jardin un regard inquiet.

– Où ça ?... Je ne vois rien.

– Attends... Il se cache derrière le mimosa... à droite...

– Qui ça « il » ?

– Je ne sais pas... Fais attention, il va réapparaître.

Ils demeurèrent un moment en expectative, sans rien dire, les yeux grands ouverts sur les ténèbres immobiles.

Enfin, Christiane déclara sur le ton d'une mère qui rassure un enfant apeuré :

– Tu vois bien qu'il n'y a personne... Tu as cru voir quelque chose.

Il la rembarra :

– Dis tout de suite que j'ai des hallucinations !... Attention !... Le voilà !... Regarde, bon Dieu !

L'ombre venait de réapparaître. Elle s'aplatit sur le sol. D'un bond souple et puissant à la fois, elle sauta par-dessus une haie de troènes.

Christiane éclata d'un rire nerveux.

– C'est Mikado, voyons !

Au même instant, trouant opportunément le plafond de nuages, un rayon de lune éclaira un énorme doberman. L'animal s'arrêta au milieu de l'allée. Oreilles pointées, il huma l'air, découvrant sous ses babines palpitantes de redoutables crocs luisant sous la lumière froide.

Georges savait qu'il y avait un chien au *Vénadou*, mais pas un monstre pareil. Il réprima un frisson.

– Il ne doit pas faire bon rôder dans le jardin.

– La nuit, Mikado ne connaît plus personne, prononça lentement Christiane.

– En somme… le prisonnier est bien gardé !

– Que vas-tu encore te figurer ?

La jeune femme s'animait :

– C'est toi qui as voulu à tout prix ramener Mikado de Long Thanh… C'est toi qui avais l'habitude de le lâcher chaque soir dans le parc…

– Moi ?

– Tu disais que l'isolement de l'endroit pourrait tenter des voleurs.

Elle soupira.

– Tiens ! Tu ferais mieux de boire ton médicament et de te coucher au lieu d'inventer des histoires à dormir debout.

Sans répliquer, il avala d'un trait le breuvage amer. Dehors, l'allée était redevenue déserte et noire. Par un caprice des nuages, le rayon de lune s'était déplacé en direction de la fenêtre.

Il frappait à présent de trois quarts la jeune femme, soulignant ses formes harmonieuses. Du visage légèrement levé vers lui, Georges ne voyait distinctement que les yeux brillants, les lèvres humides entrouvertes sur les dents blanches, le lobe nacré de l'oreille et, plus bas, la courbe du cou gracile… Lui et elle dans cette chambre… La complicité du clair de lune…

Brusquement, Georges attira la jeune femme contre lui et la baisa sur la bouche, violemment, avec une sorte de rage. Elle mollit, parut s'abandonner mais se reprit aussitôt :

– Non !… Non !… balbutia-t-elle en cherchant à lui échapper. Pas comme ça !

Il la maintenait, son bras gauche passé autour de la taille.

– Pourquoi pas ? Si je suis ton mari... si tu es ma femme ?

Paradoxalement, ces paroles augmentèrent la résistance de Christiane.

– Tu vois, tu n'en es pas sûr... tu me considères encore comme une étrangère.

D'un coup de reins, elle réussit à se dégager et recula vivement.

– Non ! pas comme ça ! répéta-t-elle. Je veux être ta femme... « Ta femme... » Pas une autre pour toi !... C'est difficile à expliquer... Je... J'aurais l'impression que tu me trompes avec moi-même.

Il fit deux pas vers elle. Elle porta ses deux mains en avant en un geste de défense.

– Je t'en supplie, n'insiste pas.

Et comme il lui saisissait brutalement le poignet, elle ajouta à voix basse :

– Je t'en prie, ne sois pas mufle... comme avant.

Il desserra son étreinte. Libérée, Christiane s'enfonça dans l'ombre. En même temps que résonna le déclic de l'interrupteur, la lumière jaillit. Clignant des yeux, Georges se retrouva, stupide, au milieu de la pièce, le bras gauche pendant le long du corps.

– Excusez-moi, dit-il.

Il se laissa tomber sur le bord du lit. La totalité de son énergie semblait s'être évaporée par tous ses pores.

– Il ne faut pas m'en vouloir, murmura Christiane. Tâche de me comprendre.

– Je comprends !

Il n'avait qu'une hâte : qu'elle s'en allât. Quand elle lui proposa gentiment de l'aider à se mettre au lit, il refusa sans la rabrouer :

– Il vaut mieux que j'apprenne à me tirer d'affaire tout seul.

Il y parvint d'ailleurs sans grande difficulté et, lorsqu'il fut étendu entre les draps, ses paupières alourdies s'abaissèrent irrésistiblement. Il tombait de fatigue ! Pendant quelques secondes encore, il lutta. Vaguement, il eut la notion qu'on le bordait, qu'on tapotait ses oreillers, puis, vaincu, il coula à pic dans le sommeil.

Comme à l'accoutumée, il dormit tout d'une traite jusqu'au matin.

*

Comme il l'avait déjà remarqué pour le pyjama, la robe de chambre et les pantoufles, Georges était obligé de constater que ce pantalon de lainage gris était à ses mesures, ainsi, d'ailleurs, que les chaussures de daim noir à semelles de crêpe. L'ample pull-over de grosse laine noire, dont il n'avait enfilé qu'une manche, était distendu du côté droit par le plâtre.

Frédéric Launay lui noua à la diable un foulard de soie autour du cou et lui jeta un pardessus sur les épaules.

– En route pour la promenade matinale, cria-t-il joyeusement.

– J'étouffe, dit Georges en riant. Je vais crever de chaleur.

– Tu crois ça ?

– Il fait un soleil magnifique !

– Ne t'y fie pas. Dehors, ça pique drôlement.

Ils sortirent de la chambre, longèrent le couloir jusqu'à l'escalier.

– Tu descends tout seul ?... comme un grand garçon ?

Georges récupérait des forces de jour en jour, presque d'heure en heure. Aujourd'hui, il y avait une différence sensible avec la veille : aucune commune mesure entre le pas chancelant d'hier et la démarche assurée de ce matin.

Ils traversèrent le hall, Frédéric ouvrit une porte vitrée et précéda le convalescent dans une sorte de sas qui débouchait sur le perron. Georges s'arrêta, surpris par la fraîcheur, suffoqué presque par le grand air.

– Hein, qu'est-ce que je t'avais dit ?

Il avait plu au cours de la nuit. Quelques gouttes scintillantes perlaient encore aux pointes des feuilles de laurier. Le soleil finissait d'assécher une allée sablonneuse filant tout droit entre deux haies de cyprès d'ornement jusqu'à un portail de fer monumental.

Un mur de plus de deux mètres de haut se perdait sous la pinède.

– On va jusqu'à l'entrée ? proposa Frédéric.

L'allée parut interminable à Georges. Une grosse chaîne à cadenas, qui devait servir à fermer la grille la nuit, pendait, libre, à l'un des barreaux. Georges tira sur le battant mobile qui pivota en grinçant de tous ses gonds rouillés. La voie était libre.

Avec satisfaction Georges franchit le seuil et fit quelques pas dans un chemin rocailleux, à peine large pour une voiture, qui longeait le mur pour disparaître à angle droit au bout d'une cinquantaine de mètres.

– Ça va où ?

– Au Lavandou, parbleu !

– Et la mer ?

Frédéric esquissa un geste vague.

– De l'autre côté de la maison.

Et Georges la vit en entier, la maison : une grande villa sans style, carrée, trapue. À droite, pareille à un morceau de sucre, s'érigeait une petite construction plus récente.

– Pour le moment, expliqua Frédéric, j'y range ma Studebaker.

Le rideau métallique, à demi baissé, laissait voir l'intérieur du garage vide. Christiane avait emprunté la voiture pour aller faire des courses en ville.

– Ta Lancia, évidemment, est tout juste bonne pour la ferraille, ajouta Frédéric.

– À propos...

Georges était décidé à jouer ce matin l'« ami reconnaissant ».

– À propos, tu es venu t'installer ici pour rendre service : c'est bien de ta part. Mais ça ne te dérange pas trop dans tes affaires ?

– Ne t'occupe pas de ça, vieux ! J'ai donné des instructions au bureau. Ma présence n'est pas toujours nécessaire. Et puis... ça ne m'emballe pas d'aller tout seul à Marseille.

Kiem avait dit que Launay habitait Saint-Tropez.

– Tu fais souvent le voyage ? s'enquit Georges soudain en éveil.

– Le moins possible ! À cette saison, Saint-Trop' est bien trop agréable. Heureusement, Marseille a des compensations. La dernière fois que nous y étions tous les deux...

Frédéric rit en dedans et baissa la voix :

– Tu te souviens de cette bringue...

Georges croyait rêver. Sa fameuse cuite à Marseille en compagnie de Fred, Fred ne la niait plus, au contraire !

– Qu'est-ce que ça signifie ? dit-il. L'autre jour

quand je t'ai posé la question devant le Dr Mars et Christiane...

– Justement ! Tu n'aurais pas voulu que, devant Christiane, j'avoue que lorsque nous allons à Marseille pour affaires, c'est en réalité pour tirer une bordée.

– Mais enfin...

De nouveau, Georges se heurtait à l'absurde :

– Si nous avons pris une cuite ensemble à Marseille le soir de l'accident, nous ne pouvions être en même temps à Saint-Tropez.

– Tu confonds !... La bordée à Marseille c'était huit jours plus tôt !

Ils étaient revenus au pied du perron.

– Tu en as assez ?... Tu veux rentrer ?

– Non ! je vais marcher encore un peu, répondit Georges. Si tu n'as rien contre, je préférerais être seul.

Bien sûr que Launay n'avait rien contre.

– Je comprends très bien. À tout à l'heure.

Il gravit le perron et disparut à l'intérieur de la maison.

Georges hésita sur la direction à choisir. Autour de lui s'étendait le jardin mal entretenu, pas entretenu du tout même. Les cyprès et les lauriers n'avaient pas été taillés depuis des années, et des herbes folles se mêlaient à ce qui avait dû être autrefois des massifs de fleurs bien ordonnés. Mais les mimosas sauvaient tout grâce à leur splendeur sauvage.

Entre les pins, là-bas, on devinait par endroits le mur de clôture, haut et rébarbatif... « l'enceinte d'une prison ! »... Georges n'avait pu s'empêcher de faire la comparaison mais la porte de la prison demeurait fort heureusement ouverte.

Après quelques pas indécis, il tourna l'angle

de la maison... Un grondement furieux l'accueillit.

Jailli hors de sa niche, un monstre bondissait dans un cliquetis de chaîne, gueule ouverte, prêt à mordre. Georges sentit une haleine chaude courir sur son visage; une patte érafla son pardessus.

Sous le choc inattendu, il perdit l'équilibre, trébucha et s'étala lourdement sur le sol détrempé tandis qu'à moins d'un mètre, plus terrifiant encore de jour que de nuit, le doberman tirait sur sa laisse à s'en étrangler, bavant, écumant de rage. Une vraie machine à égorger !

Encore mal revenu de sa frayeur, Georges se relevait maladroitement.

– Ne fais donc pas le méchant, Mikado !...

Au lieu de l'apaiser, ces paroles eurent le don d'exciter l'animal. Sa fureur et ses aboiements redoublèrent.

Launay accourut comme Georges finissait de se remettre sur pied.

– Tu n'as pas de mal ?

– Rien de grave, j'ai été surpris.

– C'est ma faute... J'aurais dû te prévenir.

De la voix et du geste, Frédéric exhorta le chien au calme :

– Suffit, Mikado !... Va te coucher... Allez, va !

Mikado réintégra sa niche.

– J'aurais dû te prévenir, reprit Frédéric en époussetant le pardessus, nous avons changé sa niche de place pour que tu ne sois pas dérangé par les aboiements chaque fois qu'arrive Mars...

Il répéta, manifestement ennuyé :

– C'est ma faute !... Je vais me faire enguirlander par Christiane.

– Enguirlander, tu vas fort.

– Depuis ta chute dans la douche elle n'est pas tranquille. Elle m'a recommandé de ne pas te laisser circuler seul.

Georges s'était ressaisi.

– On ne lui dira rien, voilà tout !

Son compagnon lança un regard oblique vers la maison.

– Avec ce sale *gnakoué*, marmonna-t-il, tu peux compter qu'elle sera mise au courant dès son retour. Kiem est partout... espionne tout... Et inutile d'essayer de l'acheter. Il se ferait hacher en menus morceaux pour elle... Tu parles, il l'a sauvée de la mort, sa demoiselle blanche !

Georges frissonna. Pour sa première sortie, il avait eu des émotions. Une certaine lassitude l'engourdissait, il avait froid.

– Rentrons, veux-tu ?

Dans le hall, il s'assit pour souffler un peu et fumer une cigarette. Quand il eut recouvré quelque force, il suggéra :

– Si nous visitions ?...

La disposition du rez-de-chaussée était simple : la bibliothèque – « ton domaine », annonça Launay –, la salle à manger, le salon et un couloir conduisant aux lavabos et à la cuisine. Le mobilier était vieillot et sans personnalité.

– Qu'est-ce que tu as encore ? s'enquit Frédéric devant la mine renfrognée de son interlocuteur.

– Il me semble que si c'était moi qui avais fait l'installation... Il me semble que j'aurais procédé autrement.

– Quand tu l'as achetée, tu n'étais pas mécontent de trouver la villa toute meublée. Et pour quel prix ! Une bouchée de pain !

« Dix-huit millions ! Il appelle cela une bouchée de pain ! » pensa Georges. Aussitôt, une seconde pensée venait se plaquer sur la première :

« Qui a parlé de dix-huit millions ?... Pourquoi est-ce que j'avance un tel chiffre ?... Qu'est-ce que j'en sais après tout ? »

Oui, pourquoi était-ce ce nombre qui lui était venu à l'esprit plutôt qu'un autre ?... Maintenant que son intention se fixait sur la somme, celle-ci se précisait : dix-huit millions cinq cent mille francs !

Il posa la question avec appréhension :

– Qu'appelles-tu une bouchée de pain ?

– C'est toi qui me l'as dit !... À moins que tu ne m'aies raconté un bobard. C'est bien dix-huit millions cinq cent mille ?

Georges ne répondit pas. Il tourna les talons et se dirigea vers l'escalier.

– Je monte me reposer.

– Je t'accompagne.

– Pour quoi faire ?

– Tu sais bien que Christiane m'a recommandé de ne pas...

– Christiane, je l'emmerde !

Et Georges monta au premier, laissant Launay dans le hall. Il s'était montré volontairement hargneux et grossier. Les mots avaient fusé entre ses dents comme un jet de vapeur d'une soupape de sûreté.

À l'étage, il ouvrit rageusement chacune des six portes donnant sur le couloir : des chambres, encore des chambres ! Deux d'entre elles, volets tirés et housses sur les meubles, étaient visiblement inoccupées. La troisième sentait le provisoire avec sa valise ouverte sur une chaise : c'est là que couchait Launay.

La quatrième surprenait au premier abord : natte en paille de riz en guise de lit, table basse au plateau de cuivre damasquiné, petit autel sommaire dressé sur un guéridon où trois oranges étaient offertes aux dieux… Tout cela baignant dans une odeur d'encens que Kiem traînait un peu partout.

La cinquième, la chambre de Christiane, faisait face à celle de Georges et lui ressemblait un peu avec en plus une coiffeuse encombrée de tout un bric-à-brac féminin. Déployé sur le lit, un somptueux kimono de soie bleue à ramages jaunes accrochait toute la lumière du soleil.

Un instant, Georges se plut à imaginer la jeune femme entièrement nue sous l'étoffe chatoyante. Avait-elle l'habitude de faire chambre à part ou était-ce seulement depuis l'accident… Il se rappela la scène d'hier soir…

« Ne sois pas mufle… comme avant ! »

L'esprit en déroute, il gagna sa chambre et s'affala dans le fauteuil. Décidément, Christiane prenait beaucoup de place dans ses préoccupations, beaucoup trop. N'aurait-il pas dû en avoir d'autres, et combien plus importantes ?

Le fait, par exemple, que Mikado l'ait attaqué en ennemi, alors qu'il avait obéi aux ordres de Frédéric, n'était-il pas troublant ?

L'instinct de l'animal ne se trompe pas : Mikado n'avait pas reconnu Georges parce que Georges n'avait jamais été son maître… parce que Georges n'était pas Romery !

Ou alors – le vertige recommençait – le chien n'avait jamais appartenu à Romery. Il n'était au *Vénadou* que depuis l'accident… pour les besoins de la cause ! Quelle cause ?

« Pour m'empêcher de fuir ?... Pour empêcher quelqu'un d'autre d'entrer ? »

Jusqu'à présent, Georges n'avait eu que des présomptions, des pressentiments. L'épisode du chien lui apportait une certitude, une preuve que, de toute façon, on lui mentait.

Le mensonge était partout autour de lui. Où était la vérité ?

8

– Et voilà, cher monsieur, s'était écrié le Dr Mars en rangeant ses instruments dans sa trousse. Vos cheveux repoussent et dans trois semaines il n'y paraîtra plus !

Avec sa dextérité habituelle, il avait ôté les fils.

– Et ça ? avait demandé Georges en cognant de son index replié sur le plâtre.

– Ne soyez pas trop exigeant. Les os du bras ne se réparent pas comme les os du crâne.

On n'avait parlé que de rétablissement physique. D'un accord tacite, personne n'avait abordé le problème du « rétablissement mental ». Des nouvelles, le chirurgien devait en obtenir par Christiane et sans doute avait-il jugé préférable de ne pas énerver son malade : le temps, ce grand guérisseur...

De son côté, Georges avait évité ce sujet épineux. À quoi bon recommencer une discussion stérile qui prenait des allures de polémique ? D'autant plus que l'hôpital psychiatrique et son train se profilaient toujours dans les brumes de l'avenir.

Mars et Christiane avaient quitté la chambre et maintenant...

Maintenant ils se promenaient tous les deux dans le jardin. Cela faisait plus d'une demi-heure que Georges les observait par la fenêtre. Mars, si pressé d'ordinaire, ne craignait pas de perdre son temps aujourd'hui... Peut-être ne le perdait-il pas tout à fait ? Son sourire un peu fat, ses ronds de jambe, sa façon de se pencher vers la jeune femme, les minauderies de celle-ci, toute leur attitude laissait clairement entrevoir qu'ils causaient de tout autre chose que de questions professionnelles.

« Ma parole, grommela Georges, il lui fait du gringue... et elle y prend goût ! »

À présent tous les deux riaient de bon cœur. Ce que racontait Mars devait être bien drôle. Le docteur avait saisi le bras de Christiane qui le lui abandonnait. Ils disparurent derrière les massifs à l'angle de la maison.

« Et Fred, qu'est-ce qu'il fout, celui-là ? Il devrait être avec eux, non ? »

Cette hargne injustifiée, Georges n'essayait pas de la motiver. En revanche, ce pincement au cœur, il ne pouvait feindre d'en ignorer la cause.

Mû par une jalousie instinctive, il descendit au rez-de-chaussée avec l'intention de rejoindre le couple. Mais, s'arroger des droits sur Christiane, n'était-ce pas admettre implicitement sa qualité de mari ? S'il n'était pas maître de ses sentiments, pour rien au monde il n'aurait voulu qu'on s'en aperçût.

Il bifurqua vers la bibliothèque où, debout devant la fenêtre, il scruta les alentours en pure perte. Renonçant à sa surveillance, à son espionnage plutôt, il alla s'asseoir à la table de travail.

« Si j'étais Romery, se disait-il, je me sentirais

chez moi, j'aurais des affaires en cours... »

Il ouvrit un tiroir bourré de paperasses qu'il entreprit d'examiner : des factures sans intérêt, l'acte de vente de la maison, une police d'incendie, une autre pour l'assurance de la Lancia...

Tous les papiers officiels étaient signés « Romery », une signature bizarre débutant par un R majuscule démesuré dont le jambage s'enroulait autour du nom en d'étranges volutes. Georges n'avait pas conscience d'avoir tracé de sa main une telle horreur et pourtant... Pourtant elle ne l'étonnait point ! Sincèrement, il aurait presque pu dire qu'il s'attendait à la voir ainsi.

Du second tiroir, il sortit un portefeuille contenant sept billets de dix mille francs, une carte d'adhésion au Touring-Club, la carte grise de la Lancia, un permis de conduire... Le tout au nom de Romery.

Et la photo d'identité du permis de conduire, c'était la sienne. Et le permis avait été délivré à Saigon... Allez donc vérifier maintenant !

Il se frappa le front, rageusement. « Qu'est-ce que j'ai là-dedans ?... Bon sang, qu'est-ce que j'ai là-dedans ? »

Il farfouillait dans le tiroir avec la même fébrilité que s'il comptait y trouver par miracle les réponses aux questions qui l'obsédaient. Ses doigts touchèrent un objet métallique, dans le fond. Il l'attira et contempla, soudain attentif, l'étui à cigarettes qui s'offrait à sa vue.

Un étui plat en métal jaune, avec un briquet incorporé. Son propre étui à cigarettes ! D'emblée il l'identifiait, en retrouvait la patine, les ciselures en arabesques, cette éraflure dans le coin à côté de la charnière. Où l'avait-il acheté ? Pas en France certainement. Au Brésil alors ?

« En Indochine, voyons ! » lui assurerait-on s'il s'avisait de lever le lièvre.

Du pouce, il fit jouer le déclic. L'étui était encore garni aux trois quarts de cigarettes : des gauloises ! Georges en coinça une entre ses lèvres et actionna la molette du briquet. Une petite flamme dérisoire tremblota au bout de la mèche qui charbonnait par manque d'essence.

Ayant tant bien que mal allumé sa cigarette, il se mit à fumer, pensif. Certains objets personnels et familiers, les lunettes, le rasoir, l'étui, le reliaient de façon concrète au passé, peut-être justement parce qu'ils étaient personnels et familiers. Pourquoi ceux-là plutôt que d'autres ?... Oui, mais pourquoi d'autres plutôt que ceux-là ?

Les aboiements sauvages de Mikado retentirent à l'extérieur, répondant au ronronnement d'une voiture qui s'éloignait rapidement. Le Dr Mars avait pris congé.

Moins de cinq minutes plus tard, Christiane pénétrait dans le hall, apercevait Georges par la porte ouverte de la bibliothèque et venait à lui.

– Tu cherches quelque chose ? s'informa-t-elle en désignant les paperasses jonchant la table.

Il la considéra d'abord sans aménité puis, scandant ses mots et martelant la table du poing, il articula :

– Je cherche Romery !

Il détacha chaque syllabe :

– Ro-me-ry !... Voilà ce que je cherche !

– Et tu trouves ? demanda doucement Christiane.

– Et je trouve Campo !

Il brandit l'étui à cigarettes.

– Ça, c'est du Campo !

Elle négligea l'affirmation.

– Où était-il ?... Tu croyais l'avoir perdu ?

Il vint au-devant d'elle, brandissant toujours l'étui :

– Il est à moi !... Je le reconnais !

– Je ne t'ai jamais dit le contraire. C'est moi qui te l'ai offert.

Un sourire timide, à peine perceptible, effleura les lèvres de la jeune femme :

– Il n'est pas très beau... Mais c'était avant notre mariage... Je n'étais pas riche.

Serrant les mâchoires, il fourra l'étui dans sa poche... S'il s'était abstenu d'évoquer le sujet devant le Dr Mars, ce n'était pas pour recommencer avec Christiane.

– À propos, dit-il en suivant le fil de sa pensée, Mars est parti ?

– Oui.

– Il ne semblait pas pressé aujourd'hui ?

Et il ajouta avec une ironie qu'il aurait voulu cinglante :

– La petite promenade sentimentale dans le parc avait du charme ?

Elle rougit légèrement.

– Nous avons bavardé un peu.

– Il n'y a pas de mal à ça, n'est-ce pas ?

C'était plus fort que lui ! Il fallait que ça sorte :

– Vous êtes du... dernier bien tous les deux, hein ? On plaisante, on se tient par le bras...

Le visage de Christiane s'illumina :

– Serais-tu jaloux ?

Dans ses grands yeux verts effrontés, il y avait de la provocation. Il rougit à son tour et tourna précipitamment les talons en bougonnant un inintelligible : « Je m'en fous ! »

Le rire clair de la jeune femme sonna derrière lui tandis qu'il grimpait l'escalier.

Elle cria d'en bas :

– C'est convenu : tu manges à table avec nous à midi ? Je fais mettre ton couvert.

... À midi, ils déjeunèrent tous les trois dans la salle à manger, servis par le silencieux Kiem. Repas lugubre malgré les efforts de Launay pour animer la conversation. Au dessert, Georges plaça la phrase qu'il mijotait depuis le matin :

– Maintenant que je vais beaucoup mieux, je pense que je vais pouvoir sortir.

Christiane lui montra l'orange qu'elle épluchait à son intention :

– Tu n'en veux plus ?... Mars t'a conseillé de manger des fruits pour les vitamines. Ensuite nous irons faire un tour dans le parc, si tu veux.

– Il ne s'agit pas de sortir dans le parc, prononça Georges avec une application calculée, mais précisément de sortir du parc.

– Pour aller où ?

– En ville !... Au Lavandou par exemple... où à Saint-Tropez.

– Pour quoi faire ?

– Pour voir du monde tout simplement. J'ai besoin de changer d'air... J'en ai assez de vivre en vase clos.

– Tu exagères ! s'exclama Frédéric. En vase clos avec le parc que tu as à ta disposition !

– Le parc a des murs et je ne serais pas fâché de savoir ce qui se passe de l'autre côté de ces murs-là.

Georges devenait agressif. Christiane se hérissa tout à coup.

– Dis que nous te séquestrons. Si tu ne te plais pas ici, la porte est ouverte.

– Merci de la permission ! ironisa Georges en repoussant sa chaise.

D'un pas décidé, il traversa la pièce. Frédéric le rejoignit sur le seuil.

– Ne fais pas l'enfant. Nous sommes presque au bout du cap Bénat… Il y a plusieurs kilomètres pour arriver au Lavandou. En pleine pinède… Parce que tu circules du premier au rez-de-chaussée, tu t'imagines être costaud.

– Je me sens très bien.

– Tu ne te rends pas compte !… Dans moins d'une heure il faudrait que j'aille te ramasser sur le bord de la route.

– Alors, emmène-moi en voiture.

Perplexe, Frédéric consulta Christiane du regard.

– Dans son état de faiblesse c'est de la folie, s'écria-t-elle. S'il lui prend une syncope en route vous serez bien avancés.

– Je me sens parfaitement bien, répéta obstinément Georges.

– Quand tu as voulu rester seul dans la salle de bains, tu te sentais aussi parfaitement bien. Tu connais le résultat.

– Parlons-en de la salle de bains !

Sous l'empire de la colère, il se maîtrisait mal. Déjà, il était sur le point d'accuser : « On a profité de mon évanouissement… »

« Qui ça, “ on ” ?… Manie de la persécution ! » susurra à son oreille le spectre d'un infirmier en blouse blanche.

Comme un écho, Christiane disait sur le même ton :

– Tu ne vas pas nous faire de la claustrophobie ?… N'oublie pas : tu as promis d'être raisonnable !

À tort ou à raison, Georges découvrait sous la phrase anodine toute une montagne de sous-entendus.

– C'est une menace ?

Christiane leva les yeux au ciel. Frédéric essaya d'arrondir les angles :

– Tu n'en es pas à deux ou trois jours près... Réadapte-toi d'abord. Tu as tout le parc pour cela... Ensuite on demandera l'avis du Dr Mars.

– De Mars, je m'en balance !

– Il t'a tout de même sauvé la vie.

La jeune femme renchérissait :

– Où serais-tu s'il n'avait pas été là ?

– Je ne sais pas où je serais, mais je sais bien où il voudrait que je sois, lui !

Georges ne parvenait à se dominer qu'à grand-peine. Il préféra rompre la discussion et quitter la salle à manger non sans avoir lancé à Christiane interdite :

– J'ai idée qu'il ne serait pas fâché de me voir enfermé dans un asile, ton Dr Mars.

Il ne chercha pas à observer la réaction des deux autres et, sans se retourner, il monta directement à sa chambre. Là, seulement, il commençait à se sentir un peu chez lui : il y avait ses habitudes, son lit, son fauteuil, ses médicaments... Sur la table de chevet trônait un poste à transistors apporté la veille par Launay.

« Une oreille à l'écoute du monde », proclamait l'étiquette encore attachée à l'appareil. Mais qu'importait cette communication à sens unique si le monde, lui, était sourd ?

Dédaignant la radio, Georges fuma une gauloise qu'il alluma au briquet de l'étui à cigarettes puis, affalé dans le fauteuil, il rumina des pensées moroses et finit par s'assoupir.

Vers 4 heures il se réveilla avec une folle envie de remuer. Il descendit dans le jardin sans avoir rencontré personne. Tirant sur sa chaîne, Mikado l'accueillit par des grondements qui se transformèrent en aboiements féroces quand Georges tenta de l'approcher.

Georges fit demi-tour et s'engagea dans l'allée centrale. La grande grille de l'entrée l'attirait irrésistiblement. Sortir du parc, effectuer ne serait-ce qu'une courte promenade sur le chemin ou dans la pinède pour se prouver que, tout de même, on est encore un homme libre...

Or, encore ouverte ce matin, la grille était, cet après-midi, solidement cadenassée.

9

« Prisonnier !... Je suis prisonnier ! » se répétait Georges en arpentant sa chambre.

On ne feignait plus et, si l'on prenait toujours des formes pour lui exposer que, lorsqu'il serait rétabli, il pourrait aller où bon lui plairait, on n'en verrouillait pas moins toutes les issues pour prévenir toute évasion. Un amnésique, un fou, ne doit-on pas le protéger contre lui-même ?

Le soleil couchant violaçait le ciel embrasé à l'ouest par un moutonnement de nuages pourpres. Un vent froid balayait la pinède. Georges ferma la fenêtre et revint chercher son étui à cigarettes parmi les magazines encombrant le guéridon.

D'avoir abusé du tabac cet après-midi lui laissait dans la bouche une amertume qui ne se dissipait qu'en fumant de nouveau. Ce matin, quand il l'avait retrouvé dans la bibliothèque, l'étui était plein; ce soir tout un côté était vide et le second sérieusement entamé.

Georges en tira sa quinzième gauloise. À sa grande surprise, un papier, jusque-là dissimulé par les cigarettes, s'échappa en même temps de sous l'élastique et tomba sur le tapis.

Intrigué, Georges le ramassa, examina avec curiosité ce morceau irrégulièrement déchiré sur lequel une main étrangère avait tracé au crayon un nom et une adresse : « Michel Brunel, 93, rue Maurice-Bernhardt, Paris (18e). »

Le nom et l'adresse ne lui rappelaient rien. Il retourna le papier, un coin sans doute de prospectus ou d'une feuille à en-tête imprimé. Un premier mot en capitales bleues avait été tronqué par la déchirure : MASSIL… et en dessous, en lettres plus petites : « Messageries Mar… » Facile à compléter, celui-là.

« Messageries Maritimes », articula doucement Georges. À peine avait-il prononcé les deux mots que l'association d'idées se créait : « Messageries Maritimes… Océan… Paquebots… Massilia… Le *Massilia* ! Le bateau qui m'a ramené en France !… À Marseille !… »

Tel un boxeur qui vient d'être « sonné », Georges restait debout sans trop savoir comment, immobile, hébété par cette révélation. Il hésitait à ouvrir davantage cette porte entrebâillée sur son passé.

Soudain, il eut la sensation d'une présence derrière lui et il fit brusquement volte-face en cachant le papier dans sa main. Le dos rond à force d'humilité, Kiem se tenait sur le seuil de la chambre.

– Qu'est-ce que tu fiches là ?

Le *boï* découvrit ses dents noires qui tranchaient sur le rouge sanglant de ses gencives teintées par le bétel. Il annonça :

– Madame fait dire à Monsieur que le dîner est prêt. Si Monsieur veut descendre…

– Tu ne peux pas frapper avant d'entrer ?

– J'ai frappé… Monsieur n'a pas entendu ?

Georges retint un mouvement de colère : l'impassibilité de l'Indochinois l'horripilait.

– Il y a longtemps que tu es là ?

– À l'instant, monsieur.

– C'est bon !... Je descends dans cinq minutes.

Aussi silencieusement qu'il était venu, Kiem s'esquiva en refermant la porte.

Depuis qu'il avait manifesté l'intention de sortir, Georges se sentait épié dans ses moindres gestes. Il reprit l'examen du morceau de papier, répéta les mots magiques :

« Messageries Maritimes... Massilia... Le bateau qui m'a ramené en France... Marseille... »

La réaction en chaîne s'arrêtait là. Le nom et l'adresse manuscrite ne la faisaient pas repartir. Pourtant il l'avait rencontré, ce Michel Brunel, sur le *Massilia* certainement... Il l'avait connu suffisamment pour que l'autre lui eût griffonné son adresse. « Si vous passez un jour par Paris... » Une relation pas assez importante pour qu'elle se fût fortement imprégnée dans son cerveau.

L'homme n'en était pas moins un repère vivant d'un passé récent, un témoin qui pourrait répondre à la question : « Qui suis-je ? »

Mais à qui s'adresser pour le joindre ? Georges n'avait plus confiance en personne.

Avant d'aller dîner, il retira le briquet de son alvéole, tassa dans le fond de la cavité le morceau de papier plié plusieurs fois sur lui-même et replaça le briquet.

À table, il demanda innocemment :

– Vous connaissez un certain Michel Brunel ?

Sourcils haussés, Christiane et Frédéric se regardèrent... Ensemble, ils secouèrent négativement la tête.

– Non, dit enfin le second. Pourquoi ?

– Pour rien... C'est un nom qui m'est venu à l'esprit.

Georges apprenait à mettre en pratique la vieille maxime : « Prudence est mère de sûreté. »

*

Christiane aidait Kiem à la cuisine. Frédéric écrivait son courrier dans la bibliothèque. La matinée était splendide, plutôt chaude pour la saison et, à se promener dans le parc, Georges éprouvait un bien-être qui confirmait son excellente condition physique et l'affermissait dans sa résolution.

Communiquer avec l'extérieur, voir d'autres têtes, parler à des gens qui ne le traiteraient pas en malade mental... Cette idée l'avait hanté toute la soirée jusqu'à ce qu'il s'endormît et l'avait repris au réveil pour ne plus le quitter.

La seule vue de la chaîne cadenassée qui fermait la grille le mettait en rage. L'aspect rébarbatif du mur d'enceinte, trop haut pour être escaladé par l'impotent qu'il était encore, l'aurait découragé si...

Il avait atteint la lisière de la pinède incluse dans la propriété. Il pénétra sous le couvert des arbres et là, certain de voir sans être vu, il observa la maison... Rien ne bougeait. Satisfait, il s'enfonça dans le sous-bois.

Une épaisse couche d'aiguilles de pin tapissait le sol encombré de branches mortes et de pommes de pin desséchées. Çà et là croissaient quelques fougères naines, des genêts aussi. Mais la faible densité de la végétation permettait une progression rapide. L'air était stagnant et

Georges transpirait sous la carapace de plâtre qui alourdissait sa marche.

Quand il aperçut le mur, il obliqua sur la gauche. Il n'était jamais venu par là mais, cette fois encore, une sorte d'instinct le guida directement jusqu'à une porte basse à demi masquée par des ronces.

Sans hésiter, il s'accroupit, écarta les herbes et fouilla dans une anfractuosité au pied du mur. Cinq minutes auparavant, il en ignorait l'existence – du moins il l'aurait juré –, à présent il ne s'étonnait pas d'en extirper une grosse clef rouillée...

Un tour de clef seulement et le battant ne fut plus retenu que par le buisson épineux. Georges tira de toutes ses forces, le panneau oscilla et se déplaça juste assez pour qu'il pût le saisir à pleines mains. Prenant appui du pied droit contre la muraille, il s'arc-bouta, tira encore plus fort. Les ronces se déchirèrent... Une épaule glissée dans l'ouverture, un dernier effort... La porte pivota, ménageant cette fois un passage suffisant.

De se retrouver de l'autre côté procura à Georges un enivrement passager. Un sentier grimpait tout droit dans la colline. Il s'y engagea allégrement. Il lui sembla entendre au loin un vrombissement de voiture puis, un peu plus tard, un appel. Il accéléra le pas. Mais bon Dieu que cette côte était rude et que ce plâtre pesait à son flanc droit !

Et pourtant il fallait continuer, ne pas céder à la tentation de faire halte, ne fût-ce que pour reprendre haleine. Il tendit toute sa volonté vers un but unique : mettre le plus d'espace possible entre lui et le *Vénadou*.

Un temps indéfini s'écoula, un quart d'heure,

vingt-cinq minutes peut-être. La pinède s'était refermée derrière le fugitif, les arbres se clairsemaient, formant de petits groupes étriqués entre des blocs de rochers cahotiques. La rocaille roulait sous les pieds.

Georges avançait mécaniquement sous le soleil qui lui brûlait la nuque; la sueur ruisselait sur son front, lui piquait les yeux. Épuisé, haletant, la langue plus sèche que de l'amadou, il s'assit à l'ombre chiche d'un arbousier.

Il avait atteint le haut de la pente mais, tout autour de lui, l'horizon restait bouché. Seul le sentier, à peine tracé, lui indiquait la direction à suivre.

La remise en route se révéla difficile. Heureusement, le terrain descendait et, peu à peu, les jambes recouvraient leur automatisme. Par crainte de ne plus pouvoir se relever, Georges n'osait plus s'asseoir. Il mourait de soif, ses oreilles bourdonnaient, ses pieds le faisaient cruellement souffrir.

Marcher !... Encore et toujours marcher !

Soudain un appel ! Un cri indistinct plutôt, perdu dans le lointain... Un autre, suivi d'un autre... Tantôt une voix de femme, tantôt une voix d'homme... On avait découvert sa fuite, on le recherchait !

Il prit sa course, une course déséquilibrée de manchot. Il fut obligé de s'arrêter au bout de quelques mètres, titubant, des papillons noirs devant les yeux. Dans dix ou quinze minutes on le rattraperait.

« Je te l'avais bien dit ! s'exclamerait Frédéric. Tu te crois rétabli, tu n'es qu'un convalescent ! »

Georges fit encore quelques pas et, comme surgie de terre d'un coup de baguette magique, une villa apparut au détour d'un bouquet d'arbres. Une vraie villa avec de vrais murs, un vrai toit de tuiles provençales... Avec, peut-être, de vrais habitants à qui parler, des gens qui pourraient alerter la police... Oui, pourquoi pas la police ?

Cinglé par l'espoir, il dévala la pente sans trop savoir comment et, emporté par son élan, vint buter contre la porte métallique du jardin. Cramponné aux barreaux, il cria :

« Il y a quelqu'un ?... Holà !... quelqu'un, s'il vous plaît ? »

Sa voix se répercuta contre la façade sans éveiller d'autre écho que le sien. La porte résistait aux tentatives qu'il faisait pour l'ouvrir.

Le jardin paraissait à l'abandon. Toutes les fenêtres étaient closes, fermées par des volets et, à l'une d'entre elles, était accroché un écriteau qu'il n'avait pas vu au premier abord : « À VENDRE. S'adresser à... »

La villa était inhabitée ! De déception, Georges faillit se laisser choir sur le sol, attendre là avec résignation l'arrivée de ses poursuivants... Les appels se faisaient plus distincts. Il identifiait à présent la voix de Christiane qui venait de la droite...

Un dernier sursaut le poussa en avant vers la gauche. Une bouffée d'air marin lui fouetta le visage et il la vit enfin, la Méditerranée, dans toute sa grandiose majesté.

Immense flaque de peinture bleue, elle s'étalait en contrebas, bien au-dessous de lui. Le sentier était brusquement interrompu par un gigantesque éboulis de rocaille qui plongeait presque à pic jusqu'au bord d'une falaise d'où montait le grondement des vagues se brisant sur les rochers. Il reprenait une vingtaine de mètres plus loin pour descendre en pente douce vers le rivage. Il devait bien mener quelque part.

« Si je traverse l'éboulis... » Georges pensait au rivage encore invisible, à la barque d'un pêcheur, à une maison, à un village, à un petit port...

« Si je parviens avant les autres à un lieu habité... »

Ses jambes étaient de plomb; à chaque inspiration un air de feu brûlait ses poumons. Il banda tous ses muscles, fit un pas, puis encore un autre en traînant les pieds. Un voile rouge passa devant ses yeux. Sa chaussure buta contre une pierre... Vaincu par la fatigue, il s'affaissa en travers de la sente.

Il n'aspirait à rien d'autre qu'à rester là comme une plante, indéfiniment, sans bouger, avec au-dessus de lui le vélum azuré d'un ciel pur et, dans ses oreilles, le grondement des vagues. Que lui importaient les appels qui se rapprochaient ?

Effrayé sans doute par ces cris inaccoutumés, un lièvre déboula tout à coup en face de lui et, d'un bond léger, sauta dans l'éboulis, déclenchant une avalanche de cailloux. La bête lutta en pure perte : rien de solide autour d'elle. Malgré ses efforts, elle était irrésistiblement emportée vers le bord de la falaise. Cailloux et animal disparurent dans le gouffre.

Alors, seulement, Georges eut conscience du danger auquel il venait d'échapper ! Sa faiblesse l'avait sauvé d'une mort certaine. Il ferma les yeux et ne pensa plus à rien.

Combien de temps s'écoula ainsi ? Il n'aurait su le dire. L'énoncé de son prénom le ramena à la réalité. Christiane débouchait dans le sentier, suivie du Dr Mars. Pourquoi le Dr Mars au lieu de Frédéric ?

Le chirurgien avait ôté son veston et retroussé les manches de sa chemise. Sa cravate était dénouée, son col déboutonné, sa face congestionnée.

Christiane demeurait très belle, à peine plus rose qu'à l'ordinaire, à peine décoiffée.

– Enfin le voilà ! s'écria le docteur.

Christiane s'accroupissait auprès de Georges.

– Pourquoi as-tu fait cela, dis ?... Pourquoi ?

Elle l'aidait à s'asseoir, épongeait son front et son cou. Il l'écarta avec douceur. Une idée fixe tournait en rond dans sa tête et il finit par l'exprimer à haute voix :

– Et Frédéric, où est-il ?

– À ta recherche lui aussi... Sur la route du Lavandou avec la voiture.

N'était-ce pas plutôt à Frédéric d'accompagner Christiane ? Oui, mais Mars devait s'être proposé, avait insisté, trop heureux de parcourir la colline seul avec la jeune femme... de la soutenir peut-être quand la côte devenait trop rude ?

Georges tenta de se remettre debout. Le docteur lui tendit une main secourable.

– Appuyez-vous sur moi... Nous allons retourner à l'ombre sinon vous risquez l'insolation.

Sans plus de commentaires ils rebroussèrent chemin. Georges restait coi, avec la honte de ceux qui échouent dans une entreprise désavouée par tout le monde. Cahin-caha ils se dirigèrent vers un boqueteau.

Avant de quitter le sentier, Mars désigna, fixée de guingois à un poteau par un fil de fer rouillé, une pancarte sur laquelle se détachait une inscription délavée mais parfaitement lisible :

ATTENTION !
Danger d'éboulis !
Passage interdit.

Georges s'arrêta pour la lire puis il jeta un regard craintif vers l'endroit où le lièvre avait disparu, vers ce lit de cailloux traîtreusement inoffensif en apparence. L'espace d'un éclair, l'image de l'animal déchiqueté en bas sur les rochers battus par les vagues traversa l'esprit du rescapé. Il réprima un frisson.

– Encore une fois vous avez eu de la chance, conclut Mars.

– Tu n'as donc pas vu la pancarte ? disait Christiane sur un ton de reproche maternel, comme si elle s'adressait à un gamin étourdi.

Non ! Georges ne l'avait pas vue, mais à cela il y avait une raison majeure : quand il était passé là, la pancarte n'y était pas !

10

Kiem avait rapporté de la cuisine une vessie de caoutchouc remplie de cubes de glace et, d'autorité, le docteur en avait coiffé Georges. Étendu sur le lit, celui-ci se sentait ridicule mais la migraine qui labourait ses tempes s'apaisait.

La chambre était pleine de chuchotements; on circulait à pas feutrés. Frédéric quitta la pièce en refermant la porte avec précaution. À la fenêtre, Christiane réglait l'ouverture des persiennes afin d'empêcher le soleil d'atteindre les oreillers.

– Ça va beaucoup mieux, merci, déclara Georges en voyant Mars s'apprêter à lui tâter le pouls.

– Dans ce cas nous allons pouvoir causer un peu tous les deux.

Le chirurgien attira une chaise auprès du lit. Christiane vint s'installer de l'autre côté, comme aux premiers jours.

– Mme Romery m'a dit que, hier déjà, vous avez manifesté l'intention de partir.

– De sortir, rectifia Georges. J'ai demandé à Launay de m'accompagner en voiture.

– Il a refusé et il a eu raison.

– Je me croyais un homme libre.
– Mais vous êtes un homme libre.
– Alors pourquoi a-t-on cadenassé la grille du jardin ? rétorqua Georges avec aigreur.
La réplique de Christiane fusa :
– Pour éviter ce qui s'est malheureusement produit ce matin.
L'atmosphère se tendait.
– Voyons, cher monsieur, reprit Mars, vous êtes bien soigné ici, il ne vous manque rien, le parc est magnifique… Vous en avez de l'espace pour refaire vos forces et respirer tout à l'aise…
Il adoptait un ton patelin, toujours exaspérant. Sèchement, Georges remit les choses au point :
– Cessez de me parler comme à un enfant, s'il vous plaît.
– Ne vous formalisez pas !… J'essayais tout simplement de résumer la situation… En somme vous éprouvez depuis hier le besoin quasi irrésistible de vous éloigner d'ici. Ce désir de fuite…
Tous ces termes excessifs ne présageaient rien de bon. Georges voyait venir le diagnostic et il jugea prudent d'en atténuer la rigueur :
– N'exagérons rien.
– Disons, si vous voulez, que vous avez envie de sortir d'ici. Pouvez-vous analyser les mobiles précis qui vous ont poussé ce matin ?
– Je suis parti parce que…
Georges réfléchit posément avant de poursuivre :
– …Parce que je veux voir d'autres personnes, parce que je veux reprendre contact avec la vie normale, avec la vie de tout le monde…
Il n'ajouta pas : « Parce qu'ici ma vie est en danger ! » Cela ne l'aurait pas servi, au contraire ! Il se demandait avec un serrement de cœur si

son évasion, on ne l'avait pas laissée s'accomplir intentionnellement...

Il n'y avait qu'un seul sentier à la sortie de la petite porte : c'était logique qu'il l'empruntât, logique qu'il le suivît jusqu'au bout, logique encore que, n'ayant pas lu la pancarte, il s'engageât dans l'éboulis pour le traverser... Oui, sa faiblesse, seule, l'avait sauvé... Et le caillou contre lequel son pied avait buté... Trente secondes plus tard et il subissait le sort de l'infortuné lièvre !

– Votre désir est légitime, disait le Dr Mars. Si vous me l'aviez confié je vous aurais seulement conseillé de patienter encore un peu... Votre état de santé...

Ce que Georges comprenait mal, à présent qu'il étudiait son équipée avec un recul suffisant, c'est comment il en était arrivé à découvrir cette porte et surtout la clef qui l'ouvrait... Il n'avait pas hésité une seconde.

Justement, Mars en parlait :

– Vous connaissiez donc l'existence de cette clef et l'emplacement où elle était cachée ?

– Au fond d'une crevasse du mur, précisa Christiane. Je l'avais moi-même oublié.

– Mais vous, cher monsieur, vous vous en êtes souvenu !

– Je ne me l'explique pas !

– Cela s'explique très bien, au contraire... Qu'on le veuille ou non, nos souvenirs s'impriment dans notre mémoire. Ils restent parfois enfouis des années durant au fond de notre subconscient avant de remonter à la surface. Dans votre cas, c'est la transmission entre l'inconscient et le conscient qui est provisoirement interrompue.

Avec une application toute pédagogique, le chirurgien poursuivait :

– On peut grossièrement comparer cela à la rupture d'un fil électrique entre le générateur et la lampe. Parfois les deux bouts de fil se rencontrent, la lampe s'allume, l'espace d'un éclair… Un éclair de mémoire !

Satisfait de cette démonstration mise à la portée du profane, il conclut avec optimisme :

– En ce qui vous concerne je suis persuadé qu'un jour, peut-être demain, peut-être plus tard… un jour les deux bouts du fil se ressouderont entre eux et alors la lampe sera rallumée en permanence.

Georges ne cherchait pas à nier l'évidence. Le bon sens l'obligeait à reconnaître la vérité… Mais pouvait-on parler de bon sens dans cette extraordinaire aventure en plein domaine de l'absurde ?

Il y avait tant d'éléments contradictoires. L'un d'eux pourtant, scientifique, indiscutable, emporterait bientôt la partie : le test de l'écriture !

– Votre plâtre ?… On vous l'ôtera dans trois semaines environ, répondit le docteur à la question que Georges lui posait une nouvelle fois.

Déjà, la question était dépassée. Georges ne se faisait pas d'illusions : quelle que fût son identité, il avait failli mourir, trois fois il avait échappé de justesse à la mort, par miracle ou par hasard.

Trois mots résumaient les trois circonstances : la voiture, la douche, l'éboulis. Pour les deux dernières, aucun doute : une main criminelle avait profité de l'occasion pour provoquer ce qu'on aurait ensuite appelé un accident.

Un accident !… À croire que quelqu'un avait

également aidé la Lancia à plonger dans le ravin. Georges en acquérait la conviction. Alors que faisait-il encore là, dans son lit, bien vivant ?

Depuis qu'il était au *Vénadou*, on aurait pu le tuer cent fois de cent manières différentes, de la balle de pistolet au coup de poignard en passant par le poison. Seulement, dans ces cas-là, la police enquêterait, ordonnerait une autopsie, tandis qu'un accident réussi, plausible, indubitable, couperait court à la suspicion.

Georges ne pouvait plus ne pas voir les choses en face : il était condamné à mort. À quoi bon les « pourquoi » et les « comment » ?... Il était condamné à mort... sans recours. Il se noyait et on lui appuyait sur la tête sous prétexte de le tirer hors de l'eau.

Il se réveilla en sursaut avec le vague souvenir d'un comprimé que Mars lui avait fait avaler. La chambre s'était vidée pendant son sommeil, le soleil avait tourné. Sur la commode, la pendulette marquait 1 h 30.

La vessie avait glissé sur l'oreiller. Georges n'avait plus la migraine mais des crampes tordaient son estomac. Le poison !... La faim plutôt ! Il se moqua de sa peur : le seul fait qu'il se fût réveillé aurait dû écarter a priori cette hypothèse.

N'empêche qu'il y avait pensé, qu'il y penserait chaque fois qu'il porterait quelque chose à sa bouche. Oserait-il encore boire, manger, dormir ?... Oserait-il encore se pencher à une fenêtre, circuler dans le parc, descendre un escalier ? Supporterait-il la présence de quelqu'un derrière lui ?

« Amnésie... dédoublement... claustrophobie... manie de la persécution. » Diagnostic logique, dicté par le comportement du malade.

« Je le sais bien, moi, que je ne suis pas fou », se disait Georges. Et aussitôt après : « Mais les fous, eux, ne savent pas qu'ils le sont... » Puis l'idée terrible s'imposa de nouveau : condamné à mort !

Pire que celle de Damoclès était sa situation car il savait maintenant que, tôt ou tard, l'épée s'abattrait sur lui. Alors, est-ce qu'il allait attendre ainsi, passivement, le bon plaisir de l'assassin ? Il fallait agir, se protéger, faire quelque chose...

« Quelque chose... Mais quoi, bon Dieu ? Qu'est-ce que je peux faire ? »

D'abord ne pas demeurer enfermé dans la chambre à ressasser des idées noires... Il sauta à bas du lit, enfila ses chaussures... Il n'allait tout de même pas se laisser mourir de faim.

À la cuisine il trouva du pain dans le buffet et du jambon dans le réfrigérateur. Confectionner un sandwich d'une seule main n'est pas une opération aisée. Le couteau lui échappa, tomba... Il se baissa, le ramassa et, en se relevant, aperçut Christiane dans l'embrasure de la porte.

Elle ne fit aucune réflexion sur les événements de la matinée. Comme si tout cela eût été parfaitement naturel, elle se contenta de dire :

– Je vais le faire.

Elle tranchait le pain, y plaçait le jambon...

– Veux-tu du beurre ?

– Non merci... Ça ira comme ça.

C'était lui qui était embarrassé, bien sûr ! Pour se donner une contenance il se mit à mordre à belles dents dans le sandwich. La crainte du poison qui l'avait tant effrayé à son réveil ne résistait pas à l'analyse. Si on avait voulu l'empoisonner, il y a longtemps que la chose aurait été faite. Quand on ingurgite cinq ou six médicaments par jour... Sa première idée, il la mettait au point, la polissait :

« Ce qu'on vise, c'est l'accident, un accident vraisemblable, sans bavures, d'une évidence telle qu'il n'entraînera aucune complication policière. Donc, pas le poison... »

Christiane sortait une bouteille de bière du réfrigérateur, la décapsulait... Elle paraissait si pleine de bonne volonté que Georges douta un instant du bien-fondé de ses craintes... Était-il certain d'avoir fermé le robinet de la douche ?... La pancarte annonçant le danger d'éboulis, peut-être ne l'avait-il vraiment pas vue ?... Ces tentatives d'assassinat n'existaient-elles pas que dans son imagination ?...

Et puis, Christiane était si féminine, si désirable... Une envie folle le prit de l'attirer contre lui, de lui parler, franchement, sans arrière-pensée...

L'arrivée de Kiem coupa son élan. Le *boï* déposa un volumineux sac de toile sur une chaise et tendit une feuille de papier à la jeune femme.

– Si Madame veut vérifier la liste...

Il s'agissait du linge sale que Frédéric devait porter à la blanchisserie dans le courant de l'après-midi.

« Il va à Saint-Trop'... Il en profitera pour donner le linge... »

Les bonnes intentions de Georges s'envolèrent. Inutile de solliciter la permission d'accompagner Frédéric : on la lui refuserait... « Solliciter la permission !... » Il en était réduit là !

Mais à défaut de « permission », ne l'avait-il pas à portée de la main, le moyen de communiquer avec l'extérieur ?... Le linge sale... la blanchisserie… Une occasion qui ne se renouvellerait pas de sitôt.

Laissant Kiem et Christiane occupés à la cuisine, il passa dans la bibliothèque, choisit sur le bureau un stylo à bille, une enveloppe, détacha une feuille du bloc de papier à lettres et regagna sa chambre en toute hâte.

La porte était munie intérieurement d'une targette qu'il n'avait jamais songé à pousser. Il la poussa afin de parer à toute intrusion.

Sur le marbre de la commode en guise d'écritoire, il cala la feuille avec la pendulette puis, tenant le stylo de la main gauche, debout dans une position inconfortable, il entreprit de rédiger son appel au secours.

Au début, il crut qu'il ne parviendrait jamais à tracer un seul mot lisible… À force de volonté pourtant, il réussit à maîtriser ses mouvements.

« Je suis en danger de mort !… On me surveille, on me séquestre, on m'empêche de communiquer avec l'extérieur… »

Il essuya sa main moite à son pantalon et acheva son message en l'abrégeant au maximum.

« … Par deux fois on a essayé de me tuer. On va encore tenter de le faire si vous ne venez pas à mon secours. Quoi qu'on vous dise, insistez pour me voir. C'est une question de vie ou de mort ! »

Pour éviter la mauvaise interprétation que pourrait suggérer cette écriture contrefaite, il ajouta encore :

« J'ai le bras droit dans le plâtre. »

Il signa lisiblement « Georges Romery », puisque tel était son nom officiel, et compléta par son adresse. Sur l'enveloppe, il écrivit cette simple phrase : « À remettre d'urgence à la police. »

Il souligna « d'urgence », glissa la feuille dans l'enveloppe qu'il cacheta et mit l'enveloppe dans sa poche.

Ouf ! ça y était ! Cette besogne d'écolier appliqué lui avait demandé près d'une demi-heure.

Il retourna à la cuisine. Personne... Sur la chaise, prêt à partir, le sac de toile attendait toujours, cordons tirés dans la coulisse, liste épinglée à l'étoffe : la vérification avait été effectuée. Après s'être assuré que personne ne venait, Georges desserra promptement les cordons, enfouit la lettre au milieu du linge, referma le sac exactement comme il l'avait trouvé...

Des pas claquèrent sur le carrelage du couloir : les hauts talons de Christiane. Georges se jeta sur le réfrigérateur, ouvrit la porte, s'inclina vers l'intérieur...

– Tu as encore faim ? demanda Christiane en entrant.

Il se retourna, une bouteille de bière entamée à la main.

– J'ai soif.

– Tu n'as pas besoin de moi ?

Il cacha son trouble par une plaisanterie :

– Je ne suis pas infirme du gosier.

Elle empoigna le sac et sortit rapidement. Georges courut à la fenêtre. Au bout de l'allée, Kiem décadenassait la chaîne, ouvrait la grille à deux battants.

Pilotée par Frédéric, la Studebaker manœuvrait dans le jardin, stoppait devant Christiane qui accourait, portant le sac à pleins bras. La jeune femme se débarrassa de son fardeau sur la banquette arrière, claqua la portière et se recula en faisant signe de la main au chauffeur.

La voiture démarra, franchit le seuil de la propriété et disparut dans le chemin… Kiem refermait la grille…

Georges abandonna son poste d'observation et se servit un plein verre de bière. Tout à l'heure, Frédéric déposerait le sac à la blanchisserie.

Ce soir, demain au plus tard, la blanchisseuse trierait le linge : blanc d'un côté, couleur de l'autre. L'enveloppe lui sauterait aux yeux.

« À remettre d'urgence à la police. » Toute personne normalement constituée porterait la lettre au commissariat. Sous peu, il y aurait de la visite au *Vénadou*… et qui ne réjouirait pas tout le monde !

11

Frédéric rentra vers 20 heures en rapportant une soupe de poisson qu'il avait achetée chez un traiteur réputé de Saint-Tropez. Le temps de la réchauffer et l'on se mit à table.

Georges avait décidé de changer de tactique : au lieu de se buter, de se révolter ouvertement, ne valait-il pas mieux feindre d'accepter avec philosophie sa condition d'amnésique ? Le fait d'être passé à l'action et surtout l'espoir qu'il nourrissait avaient calmé sa nervosité. Il avait chassé de son esprit l'obsession du poison. Néanmoins et presque malgré lui, il ne toucha aux mets qu'après que ses commensaux y eurent déjà goûté et examina le fond de son verre propre avant de se servir à boire.

Ni Christiane ni Frédéric ne parurent prêter attention à son manège. Recommandation du Dr Mars sans doute, aucune allusion ne fut faite à sa tentative d'évasion.

Celle-ci d'ailleurs pesait davantage sur ses épaules au fur et à mesure que la soirée s'avançait. La fatigue accumulée le matin engourdissait ses muscles, alourdissait ses paupières.

Après avoir fumé une cigarette, il se retira

dans sa chambre. Par la force des choses, des habitudes s'étaient instaurées dans la maison, tout un train-train journalier jalonné par les repas, les médicaments à heures fixes... Ainsi, le dernier d'entre eux, des gouttes dans un peu d'eau sucrée, Christiane les lui apportait invariablement en venant lui souhaiter bonne nuit.

En l'attendant il se mit en robe de chambre, alluma une gauloise et, installé dans le fauteuil, il tourna le bouton du poste de radio. La voix du speaker vanta les vertus d'une poudre à récurer puis un bêleur professionnel attaqua une rengaine à la mode.

Christiane fit son apparition, tournant une cuillère à café dans deux doigts de liquide incolore au fond d'un verre.

– Nous n'avons pas été sérieux aujourd'hui, dit-elle d'un ton badin. Tu as coupé à tous les autres mais, celui-là, tu vas le boire.

Il grimaça, montrant sa gauloise à peine entamée :

– Pas tout de suite. Je le prendrai avant de me coucher.

Elle amorça une mimique comme si elle allait insister puis, se ravisant, elle posa le verre sur la table de chevet :

– Tu me le promets ?

– Promis !

– Ne traîne pas trop... tu parais fatigué.

Elle ne se décidait pas à partir :

– Tu ne veux pas que je reste un moment avec toi ?

– Inutile. Je finis ma cigarette et je me mets au lit.

– Bon... alors... bonne nuit !

Il crut discerner une pointe de regret dans la

voix de la jeune femme mais il avait d'excellentes raisons de refuser sa compagnie. D'ailleurs, il n'eut pas le loisir d'épiloguer. Brusquement, elle l'embrassa sur la bouche et, sans se retourner, s'échappa précipitamment, le laissant interdit avec, sur les lèvres, un goût de miel qui prolongeait le baiser.

Il se ressaisit, se leva, éteignit la lumière, prit le verre et alla en jeter le contenu par la fenêtre.

La nuit était tiède. Une grosse lune stupide ouvrait son œil rond au sein d'un firmament étoilé. Une nuit semblable à celles qu'il avait déjà connues là-bas...

Il s'insurgea : « Non, pas en Indochine ! Pas en Indochine ! »

Comme un fait exprès, les *Manaos* entonnaient, sur Radio Monte-Carlo, une chanson du folklore sud-américain.

Domingo tras os montes, quero mandar...

Attentif d'abord puis la gorge serrée, Georges écoutait le fado brésilien. Le charme de cette chanson nostalgique le transportait à des milliers de kilomètres... Les doigts bruns d'un guitariste pinçant les cordes avec agilité... Le déhanchement d'une chanteuse à la peau sombre, aux yeux provocants... C'était à Bahia, dans un bastringue...

Durant quelques secondes Romery s'effaça derrière un Campo vainqueur. Le fado s'achevait...

« Si vous ne vous sentez pas bien... » commença le speaker. Le charme était rompu. Georges arrêta le poste, ferma la croisée, tira les doubles rideaux. Le silence et l'obscurité s'appesantirent sur lui, sinistres, oppressants.

À tâtons, il retrouva son lit, pressa la poire électrique pendant au-dessus de l'oreiller. La lumière le soulagea car, il osait à peine se l'avouer, une peur insidieuse renaissait en lui à la faveur de la nuit. Comment avait-il pu jusqu'à ce jour dormir avec une aussi superbe inconscience ?

Sur la pointe des pieds il alla pousser la targette avant de se glisser entre les draps. Sur le moment, un sentiment de sécurité l'envahit mais, dès qu'il eut éteint, une angoisse renouvelée l'étreignit, une de ces angoisses enfantines qui donnent envie de cacher sa tête sous les couvertures.

Il épiait le silence nocturne, sursautant au moindre bruit. Le sommeil le fuyait. Quelqu'un n'essayait-il pas d'ouvrir la porte ? Un tremblement incoercible le secouait, il serrait les mâchoires pour ne pas claquer des dents. Il avait peur !... Peur !

Un rayon de lune s'insinua par la fente des rideaux, éclairant vaguement la porte sur laquelle se détachait nettement le rond blanc de la poignée en porcelaine. Et Georges la vit, cette poignée, qui tournait lentement de droite à gauche, marquait un temps d'arrêt – le temps d'exercer une pression infructueuse sur le battant – puis, très lentement toujours, tournait de nouveau de gauche à droite pour s'immobiliser définitivement.

N'était-ce pas le plancher qui craquait sous des pas précautionneux s'éloignant dans le couloir ?... Et cette forme, là, derrière les doubles rideaux ?... Un faux pli seulement... Une porte claqua, quelque part dans la maison. De l'extérieur, monta un ronronnement de voiture. Au rez-de-chaussée, une pendule sonna 11 heures.

Georges avait beau se sermonner, se répéter qu'il n'y avait aucune raison pour que cette nuit ne fût pas semblable aux autres, que, de toute façon, personne ne pouvait entrer dans la chambre et que par conséquent mieux valait dormir afin de réparer des forces dont il avait grand besoin... Rien n'y faisait.

La pendule sonna minuit. « Un... deux... trois... » Les coups s'égrenaient avec une régularité terrifiante.

« ... Cinq... Six... Sept... huit... neuf... » Il n'entendit pas le dixième. Sans transition, il venait de sombrer dans le sommeil.

Quand Georges se réveilla vers neuf heures, sa première pensée fut pour la lettre. Est-ce que la blanchisseuse l'avait déjà trouvée ? L'avait-elle transmise ?... Comment la police réagirait-elle ? Avait-elle déjà réagi ?...

Autant de questions qui le plongeaient dans un état d'agitation analogue à celle du candidat qui attend le résultat d'un examen. Succès ou échec ?... Pour lui « échec » était synonyme de mort.

Dans l'impossibilité de demeurer plus longtemps au lit, il alla tirer les rideaux et le grand soleil chassa les derniers fantômes de la nuit. Pourquoi avait-il tremblé si fort sinon parce que ses nerfs n'en pouvaient plus ?

« À surveiller », se dit-il en endossant sa robe de chambre.

Sans réclamer son petit déjeuner – il retardait inconsciemment le moment de boire ou de manger – il gagna directement la salle de bains. C'est en voulant fermer la fenêtre qu'il remarqua dans le jardin une 403 noire en stationnement. Une visite ?

Cœur battant, il se hâta dans le couloir jusqu'au balcon surplombant le rez-de-chaussée. Son apparition provoqua la retraite précipitée de Kiem qui, d'en bas, semblait le guetter.

Au même instant, une voix mâle bien timbrée, à l'accent méridional prononcé, s'éleva, légèrement irritée :

– Enfin, madame, oui ou non, M. Romery est-il en état de me recevoir ?

Christiane bredouillait quelques paroles inintelligibles. Frédéric venait à la rescousse.

– Depuis l'accident, mon pauvre ami n'a plus tout à fait sa tête.

– C'est justement à propos de l'accident que je viens le voir, rétorquait l'homme. Une simple formalité, rien de plus.

– Mais puisqu'il ne se rappelle plus rien, monsieur l'inspecteur...

Christiane avait dit : « Monsieur l'inspecteur ! »... Georges avait bien entendu : « Monsieur l'inspecteur ! » Au risque de se rompre le cou, il dégringola l'escalier quatre à quatre.

Dans la bibliothèque dont la porte était ouverte, ils étaient trois : Christiane, Frédéric et le visiteur. Celui-ci, un petit homme râblé bien planté sur ses jambes écartées, se tenait face aux deux autres qui tournaient le dos à l'entrée. Il avait une face large, barrée d'une épaisse moustache, des cheveux grisonnants taillés en brosse et de gros yeux placides ombragés par des sourcils touffus. Une impression de force tranquille se dégageait de lui.

Georges croisa son regard et crut y lire une

espèce de complicité accueillante. Il s'avança tandis que l'autre hasardait :

– Voilà M. Romery, je crois.

Christiane et Frédéric se retournèrent.

– Tu es réveillé ? dit la première. Monsieur est de la police. Il désire quelques renseignements complémentaires sur l'accident.

– Vous auriez pu m'appeler.

– Pourquoi te déranger ? Je disais justement à monsieur l'inspecteur Parano que tu ne te souviens de rien… Absolument de rien.

– Un instant, madame, coupa Parano.

Puis s'adressant à Georges :

– Vous ne voyez aucun inconvénient à ce que j'aie un entretien avec vous ?

– Au contraire !… c'est même moi qui vous prie de m'en accorder un… en particulier !

– Je vous laisse, dit Frédéric en se dirigeant vers la porte.

Christiane ne bougeait pas.

– En par-ti-cu-lier, répéta Georges.

– C'est ainsi que je le comprenais, dit Parano en marchant à son tour jusqu'à la porte qu'il maintint ouverte… Vous permettez, madame ?

La jeune femme pinça les lèvres.

– Comme vous voudrez.

En franchissant le seuil elle chuchota quelques mots au policier qui répliqua, visiblement agacé :

– Je sais, madame, je sais !… Vous me l'avez déjà dit !…

Il repoussa le battant sur elle et tira une feuille de papier de sa poche.

– C'est bien vous qui avez écrit ceci ?

La lettre, l'appel au secours !… La chaleur du triomphe inonda le cœur de Georges.

12

Georges considéra l'inspecteur en silence puis, comme Parano ne se décidait pas à parler, il demanda :

– Quand l'avez-vous reçue ?

– Mme Cardinuto, blanchisseuse à Saint-Tropez, l'a apportée hier soir au commissariat.

– C'est moi qui l'ai cachée dans le linge sale…

Georges baissa la voix.

– Ils me retiennent prisonnier, ils m'empêchent de communiquer avec l'extérieur sous prétexte que…

Il s'excitait progressivement.

– Ils vous ont raconté, n'est-ce pas ?… Je n'ai plus ma tête… je suis amnésique… Je me prends pour un autre…

L'inspecteur paraissait embarrassé.

– On m'a dit que la commotion consécutive à l'accident… Bref, êtes-vous, oui ou non, atteint d'amnésie ?

– En un sens, oui, reconnut Georges. Et l'on profite de mon état pour me faire endosser une autre personnalité.

L'inspecteur frappa du revers de la main sur la lettre.

– Vous avez pourtant signé « Romery » ?

– Pour ne pas compliquer les choses au départ... En réalité je m'appelle Campo !... Georges Campo !

D'un index circonspect, le policier frotta sa moustache.

– Soyons logiques !... Si vous êtes amnésique, comment pouvez-vous affirmer que vous êtes Campo plutôt que Romery ?

La conversation s'engageait mal. Georges comprit que, s'il s'élargissait dans les considérations générales, il ne convaincrait jamais personne. D'autant plus que l'inspecteur disait, d'un ton mi-figue, mi-raisin :

– En somme, et malgré les apparences, vous avez l'impression de n'être pas tout à fait Romery, sans avoir la certitude d'être Campo.

– Je vous assure...

– Vous avez également l'impression qu'on vous séquestre, poursuivait Parano, imperturbable... que votre vie est en danger...

– Ce n'est pas une impression, c'est la vérité !

– Ouais.

Ce ouais contenait tout un monde de scepticisme.

– Vous ne me croyez pas ? interrogea Georges, subitement alarmé.

– Nous autres dans la police, monsieur, nous ne croyons rien sans preuves.

À défaut de preuves, ce qu'il lui fallait c'était des faits positifs, concrets, le terrain ferme des réalités plutôt que les sables mouvants des hypothèses.

Il reprenait les termes mêmes de la lettre :

– Vous écriviez : « Je suis en danger de mort... Par deux fois on a essayé de me tuer... »

Comptez-vous là-dedans l'accident de voiture ?

– Non !... Quoique rien ne prouve qu'il n'ait pas été provoqué... Vous n'ignorez pas qu'on m'a laissé pour mort.

– Et que c'est grâce au Dr Mars si vous êtes encore en vie, compléta l'inspecteur, je sais... Si mes renseignements sont exacts, vous ne conservez aucun souvenir de cet accident ?

– Aucun ! Mais ensuite c'est différent.

Georges s'était assis dans un fauteuil. Parano prit place en face de lui.

– Voyons la suite, dit-il.

La suite, c'était d'abord l'incident de la douche. Le policier en écouta le récit avec attention et son commentaire se borna à une seule question :

– Donc, personne n'est responsable de votre chute dans la salle de bains ?

– Quelle importance ?... L'essentiel, c'est que le robinet était fermé.

– Répondez à ma question, s'il vous plaît : quelqu'un est-il responsable de votre chute ?

Georges dut en convenir : sa chute et la conséquence immédiate, l'évanouissement, n'étaient dus qu'à sa maladresse.

– Mais pourtant, le robinet...

D'un geste, Parano écartait les digressions :

– Passons à la fois suivante.

Maintenant qu'il devait les mettre en forme, en les isolant de leur contexte, Georges sentait la précarité de ses accusations. Les arguments massue, ou qu'il croyait tels, n'avaient qu'une valeur subjective... « Nous autres, dans la police, nous ne croyons rien sans preuves... » avait pris soin d'annoncer le policier.

– Ah ! votre escapade d'hier matin ! s'écria-t-il dès que son interlocuteur eut abordé le sujet.

Georges se cabra :

– Ce n'est pas une escapade : j'ai fui, ou plutôt j'ai tenté de fuir parce qu'on me séquestre.

– Bon ! fit Parano conciliant... Et où est la tentative d'assassinat ?

– Quand je suis arrivé à l'éboulis...

Au fur et à mesure qu'il avançait dans sa narration, Georges voyait avec angoisse fondre ses chances de convaincre le policier. Après tout, la pancarte signalant le danger...

– Au retour, insinuait l'inspecteur, si le Dr Mars ne vous l'avait pas fait remarquer, elle vous aurait échappé.

– J'étais fourbu... sonné.

– Vous l'étiez également à l'aller puisque vous vous êtes écroulé quelques mètres plus loin.

– Je suis sûr qu'elle n'y était pas.

Faute de preuve, Georges se bornait à répéter :

– Il faut me croire... on veut me tuer !... Il faut me croire !

Parano ne cessait de tourmenter sa moustache.

– Si vous le voulez bien, dit-il, reprenons les faits. La douche d'abord... Personne ne pouvait prévoir que vous tomberiez et perdriez connaissance.

– On a exploité les circonstances !

– Admettons. Mais votre fuite... qui pouvait prévoir que vous iriez jusqu'à l'éboulis ?

– Il n'y a qu'un seul sentier au sortir de la petite porte.

– Alors, qui pouvait prévoir que vous sortiriez par cette porte ?... Elle était fermée à clef et la clef à peu près introuvable pour quelqu'un qui n'en connaissait pas la cachette... Et encore, qui pouvait prévoir que vous décideriez de fuir ce matin-là ?

Georges perdait tout réflexe. Les arguments à rebours pleuvaient sur lui comme autant de coups de poing :

– En vérité c'est vous qui avez provoqué tous ces incidents… Si vous aviez accepté que votre femme reste avec vous dans la salle de bains, vous ne seriez probablement pas tombé… Si, négligeant les conseils de prudence, vous n'aviez pas tenté de fuir, le problème de l'éboulis ne se serait jamais posé…

L'inspecteur décochait la flèche du Parthe :

– Ces… « tentatives d'assassinat » n'existent-elles pas que dans votre imagination ?

– Alors, vous aussi ?

Georges se dressait si violemment que, emporté par son plâtre, il faillit perdre l'équilibre.

– Je ne suis pas fou !… Ils veulent tous le faire croire… tous !… Y compris le Dr Mars !

– Le Dr Mars est une sommité dont la bonne foi…

– Qu'est-ce que vous en savez ?

Georges ne se dominait plus que difficilement.

– Je ne suis pas fou, moi !

Il se penchait en se frappant violemment la poitrine, obligeant l'inspecteur à reculer. Dans un éclair de lucidité, il s'entendit glapir d'une voix de dément :

– Pas fou !

Il s'interrompit tout net, se rendant compte du spectacle qu'il offrait. Un degré de plus dans son exaltation et l'autre partait avec la conviction d'avoir eu affaire à un détraqué.

Il laissa retomber son bras et sourit piteusement :

– La bonne foi du Dr Mars n'est pas en cause.

Il réussissait enfin à parler posément :

– Ce sont les autres qui l'ont trompé.
– Dans quelle intention ?
– Je ne sais pas... D'ailleurs ça m'est égal... Tout ce que je veux, c'est me sortir de là... Vous ne pouvez pas ne pas faire une enquête.
À la mine renfrognée du policier, Georges comprit que la partie était perdue s'il continuait sur ce terrain. Il se rassit et exhiba son étui à cigarettes.
– J'ai là un document...
À Parano qui tendait déjà la main pour recevoir l'objet, il jugea utile de fournir quelques explications liminaires :
– Si je suis Campo... Notez bien : je mets la condition...
Il était plein de bonne volonté, prêt à toutes les concessions pour être écouté.
– Donc, si je suis Campo, c'est au Brésil que j'ai vécu... J'ai pas mal roulé ma bosse, je n'ai pas d'amis et mes souvenirs sont assez vagues...
– Dans ces conditions une enquête à l'étranger...
– Aussi ai-je mieux à vous offrir... Si je suis Campo, je suis rentré en France sur le *Massilia* des Messageries Maritimes. Il a abordé à Marseille environ huit jours avant l'accident...
Georges fit un rapide calcul : le journal relatant l'accident était daté du 12 février...
– Il a abordé à Marseille aux alentours du 4 février... disons fin janvier, début février. Or, j'avais un passeport en règle...
Il éliminait les « si ».
– J'étais donc inscrit sur la liste des passagers. C'est facile à contrôler cela, non ?
Avec satisfaction, il voyait l'intérêt renaître dans les yeux de Parano. Celui-ci murmura :

– Si ce que vous me dites est vrai... En tout cas, la vérification est facile.

– Autre chose, dit Georges. J'ai fait au cours de la traversée la connaissance d'un passager, un certain Michel Brunel qui m'a donné son nom et son adresse.

– Et il pourrait éventuellement témoigner de votre identité ?... Évidemment, vu sous cet angle...

Un instant ébranlée, la méfiance de Parano se ranimait.

– Comment vous souvenez-vous de tout ça, alors que tout le reste...

– J'ai retrouvé dans cet étui qui m'appartient... qui m'a toujours appartenu... j'ai retrouvé, dissimulé par les cigarettes, un coin déchiré d'une feuille à l'en-tête du *Massilia*... Michel Brunel y a lui-même écrit son nom et son adresse... Vous allez voir !

Serrant l'étui entre ses genoux, Georges tira sur le briquet, éjectant du même coup le papier qui tomba à ses pieds.

L'inspecteur le ramassa et mit un certain temps à le déplier, tant il avait été tassé au fond de la cavité.

– Lisez !

Parano tourna et retourna entre ses doigts le « précieux document » puis, une moue d'incompréhension faisant déborder sa lèvre inférieure, il le tendit à son interlocuteur.

Au recto comme au verso, le morceau de papier était entièrement blanc !

13

Sans se soucier de l'effet produit, Georges poussa un rugissement. S'arrachant du fauteuil il courut ouvrir la porte. Blême, la voix chevrotante de colère, il hurlait à la cantonade :

– Frédéric !... Christiane !... Kiem !

Les deux premiers sortirent ensemble du salon, vaguement inquiets. Kiem arriva le dernier. En silence, un silence réticent d'où l'appréhension n'était pas exclue, ils considéraient Georges écumant de rage.

– Que se passe-t-il ? interrogea Christiane en cherchant des yeux le policier qui n'avait pas bougé de la bibliothèque.

Georges lui agita l'étui sous le nez, comme une menace. Il s'adressait à tous les trois :

– Qui a touché à ça ?

L'absence du briquet se remarquait. À son tour, Frédéric risquait :

– Tu l'as perdu ?

– Non ! Mais je veux savoir qui a touché au briquet !

Le *boï* amorça une révérence.

– C'est moi, monsieur.

– Quand ?

– Hier matin, monsieur.
– Que cherchais-tu ?

Le visage de l'Indochinois ne savait pas exprimer l'étonnement. Sa voix nasillarde non plus.

– Rien, monsieur... J'ai mis de l'essence.
– Tu mens !

Georges lui bourrait les côtes avec l'étui. Kiem battait en retraite à petits pas.

– Monsieur n'est pas content ?
– Vermine ! siffla Georges entre ses dents. Il y avait un papier là-dedans... Un papier plié au fond... Tu l'as changé... Tu en as mis un autre... Avoue ! Avoue donc !

Ayant rempoché l'étui, il avait empoigné le *boï* par le devant de son *ao daï* et le secouait rudement.

– Avoue donc, ordure !... Tu as changé le papier, hein ?

Frédéric finit par intervenir :

– Donne-lui au moins le temps de répondre.

Refoulant sa fureur, Georges lâcha prise. À demi suffoqué, Kiem reprenait son souffle.

– Alors, vas-tu parler ?
– Tout de suite, monsieur.

Le *boï* parvenait même à sourire.

– Quand j'ai mis de l'essence, j'ai vu le bout de papier au fond... J'ai pensé qu'il était là pour caler le briquet... Il était un peu trop gros... Alors... j'ai cru bien faire en le remplaçant par un autre.
– Et le premier ?
– Je l'ai jeté, monsieur.
– Tu l'as jeté !

Une nouvelle vague de fureur soulevait Georges. Il aurait frappé le *boï* si Frédéric ne s'était pas interposé.

– Où l'as-tu jeté ?

– Dans la poubelle, monsieur... Mais je n'ai pas vidé la poubelle hier soir, s'empressait d'ajouter Kiem... Je peux essayer de le retrouver.

– Va le chercher... Tout de suite... Et trouve-le... Trouve-le ou sinon...

Kiem s'était déjà éclipsé. Georges déversa sur les deux autres le trop-plein de sa colère :

– Et vous ?... Vous êtes d'accord avec lui... tous d'accord !

– Quel drame pour un bout de papier ! s'exclama Christiane excédée. Qu'a-t-il donc de si important ?

– C'est une affaire entre monsieur et moi.

L'inspecteur se décidait enfin à se montrer.

– Voulez-vous que nous allions aider le domestique ?

Georges acquiesça, heureux de voir l'inspecteur entrer dans son jeu.

– On n'a pas besoin de vous, dit-il aux deux autres qui s'apprêtaient à suivre.

Christiane lui tourna ostensiblement le dos. Frédéric se contenta de hausser les épaules.

Georges pilota Parano jusqu'à la cuisine où Kiem était en train d'éparpiller le contenu de la poubelle sur deux journaux étalés à même le sol.

– Alors, tu trouves ?

– Je cherche, monsieur.

Malgré le tableau peu ragoûtant et l'odeur sure des épluchures de la veille, les trois hommes se penchèrent sur les ordures au milieu desquelles Georges n'hésita pas à promener un index farfouilleur. Ce fut lui qui trouva : le morceau de papier, toujours plié plusieurs fois sur lui-même, s'était coincé au fond d'une boîte à sardines imprégnée d'huile rance.

Georges s'en empara mais ses doigts gras et malhabiles, trop impatients aussi, le laissèrent échapper. Parano le cueillit au vol et entreprit de le déplier avec méticulosité. Georges ne le quittait pas des yeux.

Du menton, Parano lui fit un signe d'assentiment et il lui prit le bras.

– Venez, dit-il.

Dans la bibliothèque, il lut à haute voix :

– Michel Brunel, 93, rue Maurice-Bernhardt... Paris... 18e...

Puis au verso :

– *Massilia*... Messageries Mar... Messageries Maritimes évidemment.

Georges exultait :

– C'est tout à fait ça !... S'ils ont voulu le faire disparaître, c'est que le papier a de l'importance.

– S'ils avaient voulu le faire disparaître, répliqua l'inspecteur, d'un air pensif, ils l'auraient brûlé... En tout cas, le domestique ne serait pas allé le chercher dans la poubelle.

– Et une fois de plus vous auriez cru que tout ça n'existait que dans mon imagination... Vous voyez que je raisonne sainement parfois.

L'ironie de Georges se teinta d'anxiété :

– S'ils ne l'ont pas détruit c'est qu'ils n'y attachent aucune valeur.

– Pas forcément... Car dans ce cas ils auraient remis le papier au fond de sa cavité après en avoir pris connaissance.

– Alors ?

– Alors les choses se sont probablement passées comme Kiem l'a dit.

Fait curieux, c'était le policier qui remontait le moral à son interlocuteur, lui qui, quelques instants auparavant, n'avait rien négligé pour l'abattre.

– Ils ignorent l'existence du document et, s'il a une valeur, nous ne tarderons pas à le savoir.

Il grattouilla sa moustache avec énergie :

– J'ignore moi-même les tenants et les aboutissants de cette histoire... J'ignore si vos soupçons sont fondés... Je ne vous cache pas que je demeure assez sceptique. Cependant, voici ce que je peux faire...

– Une enquête ?

– Elle sera facile !... D'abord le *Massilia* et la liste des passagers... Je m'en occuperai moi-même à Marseille.

– Et pour Michel Brunel ?

– Mes collègues parisiens feront le nécessaire. Je leur téléphone dès aujourd'hui.

– Quand comptez-vous avoir un résultat ?

– Nous sommes mardi... Disons jeudi au plus tard. En attendant, tenez-vous tranquille... Pas de bêtises surtout.

– Faites-moi confiance !

Comme Parano prenait congé, Georges le retint par le coude.

– Aux autres... vous leur avez parlé de ma lettre ?

– J'ai préféré la passer sous silence... J'ai prétexté un complément d'information au sujet de l'accident.

L'inspecteur sourit largement, d'un bon gros sourire rassurant :

– Même si le danger que vous courez est réel, vous n'avez rien à craindre tant que je m'occupe de vous. Votre mort...

Il s'excusa :

– Pardonnez-moi d'y faire allusion !... Votre

mort serait maintenant trop suspecte pour que des criminels avisés puissent seulement l'envisager.

Les pas des deux hommes dans le hall firent surgir du salon Christiane et Frédéric. Parano s'inclina devant la première et salua le second de la tête :

– Mes hommages, madame... Au revoir, monsieur...

Il serra chaleureusement la main de Georges :

– Au revoir, monsieur... À très bientôt... Je vous apporterai une réponse... Non, non, ne me reconduisez pas... Je connais le chemin.

Il franchissait la porte vitrée. Dans l'allée, Kiem trottinait vers la grille. Le ronflement de la voiture déclencha les aboiements du doberman.

– Quelle réponse doit-il t'apporter ? demanda Christiane.

– Une réponse qui ne concerne que moi, dit-il posément.

Il tourna les talons puis exécuta une volte-face pour lancer :

– Et si d'ici là il m'arrivait un accident... Les choses pourraient mal tourner pour vous !

Ce jour-là il but et mangea avec délices, ingurgita ses médicaments, sans en omettre un seul et, le soir dans sa chambre, il ne pensa même pas à pousser la targette.

Il dormit bien. Le lendemain il se réveilla d'excellente humeur, déjeuna de bon appétit, goûtant enfin sans arrière-pensée la tiédeur d'un matin ensoleillé et ce plaisir doux et fort à la fois de la convalescence : la vie était belle.

Kiem et Christiane, que Georges vit les premiers, restèrent égaux à eux-mêmes.

Dans le jardin, il trouva Frédéric qui finissait d'astiquer la Studebaker.

– Salut, vieux, ça va ?

La cordialité de Launay, elle non plus, ne se démentait pas. Tous se comportaient comme si la visite du policier n'avait été qu'une simple formalité. Ils le croyaient, sans doute.

Frédéric donna un dernier coup de peau de chamois à un enjoliveur et se recula pour jouir de l'effet : la carrosserie vert pomme, lavée et lustrée, reluisait, comme neuve.

– Beau travail ! constata Georges en sortant son étui à cigarettes. Tu fumes ?

Il s'efforçait de ne rien modifier dans son attitude mais il aurait fallu être aveugle pour ne pas remarquer le changement qui s'était opéré en lui.

– Tu as l'air en pleine forme, dit Frédéric.

Avec enjouement, il tapa sur le capot de la voiture.

– Tu sais que tu pourrais la conduire ?

Georges fit résonner le plâtre sous son index replié.

– Avec ça ?

– Justement !... Boîte automatique... Donc pas de levier de changement de vitesse... donc pas besoin des deux mains.

Il ouvrit la portière.

– Si tu veux essayer... ne te gêne pas.

Georges n'hésita qu'une seconde.

– Tu montes avec moi ?

– Bien entendu, on va s'entraîner dans le parc.

Les premiers essais dans la grande allée furent décevants. Mais Georges était persévérant et Frédéric patient.

– On reprendra cet après-midi...

– Ce n'est pas encore tout à fait ça, dit Frédéric au cours du dîner, mais ça va venir. Encore deux ou trois séances et tu pourras te lancer sur la route.

Georges en eut le souffle coupé.

– Tu veux dire que je pourrai sortir en voiture...

– Pourquoi pas ?

Du regard, Frédéric sollicitait l'opinion de Christiane. Elle la donna avec un peu de désabusement :

– Si le Dr Mars l'autorise, je ne vois pas pourquoi on t'en empêcherait. Tu t'imagines qu'on te retient prisonnier...

D'un geste las, elle balaya l'air devant elle.

– Oh ! et puis, inutile de revenir là-dessus.

Georges était interloqué.

– Alors... si le Dr Mars m'autorise... vous ne vous opposerez pas...

– On ne s'est jamais opposés à rien, rétorqua Christiane agacée. On n'a fait que suivre les prescriptions du médecin. Mars te l'a dit lui-même : avec un peu de patience...

– Quand doit-il revenir ?

– Samedi.

Samedi l'inspecteur aurait terminé son enquête. Ne comptait-il pas obtenir un résultat jeudi au plus tard, c'est-à-dire le lendemain ?

« Si Parano tient parole, demain soir tout sera réglé, pensa Georges qui devait fournir un sérieux effort pour dissimuler sa surexcitation. Samedi je me foutrai pas mal de Mars et de sa clique ! »

14

Le jeudi Georges se leva plus tôt que de coutume.

– Tu prends une leçon ? proposa Frédéric.

Georges accepta pour tromper son impatience mais son agitation ne faisait que croître. Il conduisit moins bien que la veille.

Midi. Pas de Parano !... On se mit à table et Kiem servit des *nem*, ces délicieux beignets qui lui avaient valu des félicitations la fois précédente. S'il en escomptait aujourd'hui, il fut déçu car Georges ne leur prêta qu'une attention distraite.

Pourquoi l'inspecteur ne venait-il pas ? Avait-il terminé son enquête ? Avait-il seulement eu l'intention de l'entreprendre ?... Ne s'était-il pas contenté de feindre pour le tranquilliser ?

« Pour apaiser les craintes imaginaires d'un esprit malade », se disait Georges en prenant un plaisir malsain à retourner lui-même le fer dans la plaie.

Il monta dans sa chambre, fuma deux gauloises, redescendit dans le jardin. Cette attente interminable d'un événement incertain lui mettait les nerfs à fleur de peau.

– Dis donc, Georges !

L'appel de Frédéric provenait d'une fenêtre du premier étage.

– Si tu as envie d'essayer la bagnole tout seul, vas-y !

Faire ça ou autre chose pour tuer le temps... Georges grimpa dans la Studebaker, démarra en douceur...

– Bravo ! cria Frédéric. Tu pars bien... Continue...

Il fit plusieurs fois le tour de la villa : marche avant, marche arrière, arrêt, démarrage, demi-tour... Il s'éloignait de la maison, empruntant des allées de plus en plus étroites, de moins en moins bien tracées, recherchant sciemment la difficulté.

À l'autre bout de la propriété, il venait d'entreprendre un demi-tour nécessitant une série de manœuvres compliquées quand, loin derrière lui, les aboiements de Mikado annoncèrent une visite.

« Parano !... » Il n'en douta pas un instant et il voulut rebrousser chemin en toute hâte. À cause même de cette hâte, ses mouvements perdirent de leur précision, sa main moite glissait sur le volant. De compliquée, la manœuvre devint hasardeuse... Un coup de volant trop brutal, une marche arrière mal contrôlée et voilà que les roues motrices patinaient sur le bas-côté, renvoyant derrière elles de longues giclées de sable.

Georges s'énervait, accélérait mal à propos. Les roues tournaient à vide dans le terrain mouvant, creusaient le sable dans lequel elles s'enfonçaient davantage à chaque tour. Il perdit cinq minutes, peut-être dix en essais infructueux...

Il se résigna à abandonner la Studebaker et à rentrer à pied. Il ne s'était pas trompé : la 403 stationnait devant le perron. Il grimpa les marches quatre à quatre, courut dans le vestibule...

Hors d'haleine il fit irruption dans la bibliothèque où l'inspecteur causait avec Christiane.

– D'où viens-tu ?

Pour Georges, Christiane n'existait pas. Il ne la voyait pas, ne l'entendait pas.

Avidement, il s'enquit :

– Alors, monsieur l'inspecteur ?

Pour toute réponse, Parano lui montra un papier qu'il tenait à la main :

– C'est le télégramme de la police parisienne.

Le laconisme de la dépêche n'avait d'égal que son absurdité.

« Michel Brunel... Retraité des douanes, décédé le 4 décembre dernier d'un accès de fièvre bilieuse à son domicile, 93, rue Maurice-Bernhardt, Paris (18e). Célibataire, pas de famille... Rien à signaler. »

Georges n'en croyait pas ses yeux.

– C'est absurde !

– Qu'un colonial succombe à un accès de « bilieuse » ?

Le ton poli de Parano déguisait mal la raillerie.

– Vous savez bien ce que je veux dire, dit Georges.

Il s'empara machinalement du mouchoir que lui présentait Christiane et s'en tamponna le front.

– Absurde !... Michel Brunel ne peut pas être mort le 4 décembre puisqu'il était sur le *Massilia* avec moi !

– Vous avez raison, reconnut le policier. Il était bien sur le *Massilia* avec vous.

Georges se laissa choir dans un fauteuil. Vraiment, son esprit s'égarait...

Dans sa position favorite, jambes écartées, Parano se planta devant lui.

– Hier, j'ai fait mon enquête personnelle aux Messageries Maritimes à Marseille... Michel Brunel est bien porté sur la liste des passagers pour la même traversée que vous. Seulement, voilà...

Il tripota sa moustache avant de conclure :

– Cette traversée date de six mois et le *Massilia* revenait d'Indochine. D'Indochine d'où vous reveniez également avec votre femme... monsieur Romery !

Georges se noyait, entraîné par un flot imaginaire qui le submergeait. Il tenta de protester mais, inexorable, la voix de Parano scandait :

– Il n'y a jamais eu de Campo sur le *Massilia* et le *Massilia* n'a jamais été affecté à la ligne France-Brésil... Vous êtes rentré à bord du *Massilia* : c'est vrai. Vous avez connu Michel Brunel : c'est encore vrai... Le reste n'est qu'élucubration de votre cerveau malade.

Désespérément, Georges se débattait contre la lame de fond qui menaçait d'emporter sa raison.

– Vos renseignements sont erronés, dit-il d'une voix blanche.

– Les faits sont là !

– Alors, vous m'abandonnez ?...

Du plus profond de son être, Georges sentait sourdre un tremblement tout intérieur d'abord mais, tandis qu'il se répétait : « Il ne faut pas que je m'affole... il ne faut pas que je m'affole... », le tremblement gagnait ses muscles, les uns après les autres, avec l'implacabilité d'une marée montante.

– Vous voulez donc qu'on m'assassine ?

Parano hocha la tête avec commisération en regardant Christiane. Dans un dernier sursaut, Georges hurla avant de sombrer :

– Vous n'avez pas le droit… La police n'a pas le droit…

Sans ménagement, l'inspecteur lui assena le coup de grâce :

– Ce n'est pas la police qui peut quelque chose pour vous, monsieur Romery, mais le corps médical !

Il s'inclina légèrement, pressé maintenant de quitter les lieux.

– Je regrette, monsieur… Madame, toutes mes excuses…

– Je vous raccompagne, dit Christiane.

Effondré dans le fauteuil, étranger à tout ce qui n'était pas son infinie détresse, Georges ne savait que rabâcher d'une voix lamentable :

– Ce n'est pas vrai… je suis pas fou… je suis pas fou…

Une main fraternelle se posa sur son épaule.

– Allons, vieux, un peu de nerf !

Frédéric extériorisait sa compassion par des paroles maladroites :

– Ce n'est pas si grave que ça… Nous te soignerons… Rien n'est perdu…

Christiane revenait. Son visage exprimait à la fois la tristesse et la détermination.

– Georges !… Cela ne peut pas durer ainsi… J'ai tenu tant que j'ai pu… À présent, il va falloir se résoudre à suivre le conseil du Dr Mars.

Une morsure. Ce fut la sensation exacte que Georges éprouva en plein ventre comme si la peur y plantait ses crocs. Le conseil du Dr Mars !… Le psychiatre !… L'asile d'aliénés peut-être... la douche glacée ou l'électrochoc... Ou bien encore l'insulinothérapie qui vous réduit à l'état de bête... Le cabanon à perpétuité... Non !... Non !... Jamais !

Georges s'insurgea, la bouche mauvaise :

– Je n'irai pas !...

– Sois raisonnable ! dit Frédéric une fois de plus.

Georges n'avait plus envie d'être raisonnable.

– Vous ne m'emmènerez pas !...

– C'est pour ton bien... dit Christiane.

Il la gifla si violemment qu'elle vacilla. Frédéric se jetait entre eux, saisissait Georges par le poignet, l'obligeait à se rasseoir.

– Ne fais pas ta tête de mule.

Chez Georges, l'hébétude succéda sans transition à la fureur. Fred venait d'ajouter entre haut et bas :

– N'oublie pas que, pour les agités, il y a aussi la camisole de force.

15

Il y avait bien une vingtaine de minutes que Frédéric était allé chercher la Studebaker ensablée pour la garer dans la grande allée. Par la fenêtre de la bibliothèque, Georges lorgnait le véhicule sans pour autant perdre de vue le portail resté grand ouvert après le départ du policier. Dans l'émotion générale on avait omis de prendre la précaution de repousser au moins les grilles.

« Il n'y aurait même pas à descendre de voiture pour sortir du *Vénadou.* »

Georges se voyait déjà sauter dans la Studebaker, démarrer en trombe et fuir en direction du Lavandou. Avant que les autres fussent revenus de leur surprise il serait loin. Et aucun moyen de locomotion pour s'élancer à sa poursuite. Frédéric, Kiem ou Christiane devraient parcourir des kilomètres à pied pour trouver seulement un téléphone. Ensuite…

« Ensuite on verra, se dit Georges. Avec de l'argent et la liberté on peut changer bien des choses. »

De l'argent, il savait où s'en procurer. Le portefeuille contenant les sept billets de 10 000 francs était à sa place dans le tiroir. Il l'empocha et alla entrebâiller la porte. Le hall était désert.

Il le traversa rapidement, déboucha sur le perron. Il était aussi ému que la fois où il avait passé son permis de conduire. Il se rappelait donc avoir passé son permis de conduire ?... Il dégringola les marches, grimpa dans la Studebaker et appuya sur le démarreur. Le moteur ronronna doucement. Une autre pression sur le bouton de « marche avant » et le véhicule s'ébranla...

Tirant sur sa chaîne, Mikado aboya férocement. Georges jeta un coup d'œil inquiet dans le rétroviseur; personne ne se montrait. La maison semblait morte. Décidément les circonstances étaient favorables.

Trop favorables. Ce portail ouvert à deux battants, cette voiture prête comme si on l'avait tenue à sa disposition, cette disparition providentielle des trois autres que les aboiements de Mikado n'alertaient pas... Tant de facilités, c'était suspect.

La vérité lui crevait les yeux : son évasion, on l'avait voulue.

« On m'a pris pour un crétin, se dit-il en écrasant la pédale de frein. Une mise en scène un peu moins grossière et je tombais dans le panneau. » Les leçons de Frédéric n'avaient été que la savante préparation d'un guet-apens dont l'aboutissement aurait été... l'accident, parbleu !

Il ne savait ni où ni comment cet accident devait se produire mais la certitude de son inéluctabilité lui donna la chair de poule. Il fit marche arrière, rangea la voiture et monta dans sa chambre.

Sans ôter ses chaussures, il s'étendit sur le lit, soulagé de s'être soustrait à un danger mortel, non plus par hasard ou par miracle mais parce qu'il était moins stupide que d'autres avaient pu le croire.

Malheureusement, les autres étaient toujours là, à l'affût. Qui ça, les autres ?... Frédéric... Christiane... Kiem ? Les trois ensemble ? Qui verserait du poison dans son verre ?... « Ce pauvre Georges s'est trompé de dose. Peut-être la crainte du psychiatre ? » Qui le pousserait par la fenêtre un jour où sa vigilance serait en défaut ? « Affreux suicide d'un détraqué !... » Qui ouvrirait le gaz au moment opportun ?... Qui viendrait le frapper pendant son sommeil ?... À moins que Mars et son damné psychiatre ne prennent la décision de le faire interner ?

Après ces deux jours de répit, l'obsession le reprenait. Il voyait la mort partout. Partout et quoi qu'il fît, il courait tout droit à la mort ?

Longtemps encore la Studebaker demeura dans l'allée, face à la grille grande ouverte. Le soir vint... La nuit tomba... La voiture réintégra son garage, les grilles furent cadenassées.

Ni l'attitude de Christiane ni celle de Frédéric n'avaient changé. Georges finit par se demander si la machination qu'il avait cru déjouer n'était pas, cette fois, le produit de son imagination et si, par pusillanimité, il n'avait pas raté une occasion unique.

Il refusa de dîner.

– Je n'ai pas faim. Je vais dans ma chambre.

– Je monterai te souhaiter bonne nuit, dit Christiane sans le contrarier.

– Inutile. Je préfère rester seul. D'ailleurs je ne tarderai pas à me mettre au lit.

Elle monta tout de même mais, par discrétion, elle toqua à la porte. Il alla ouvrir et se tint sur le seuil, dans la ferme intention de ne pas la laisser entrer.

– Qu'y a-t-il ?

Il avisa le verre dans lequel elle remuait une cuillère à café.

– Georges… tes gouttes…

– J'ai dit qu'on me laisse tranquille !

– Il faut les prendre…

– Je ne veux rien prendre !

– Je t'en prie…

Elle calait le battant avec son pied.

Pour se débarrasser d'elle, il porta le verre à ses lèvres, feignant de boire, conservant en réalité le contenu dans sa bouche sans l'avaler.

Satisfaite, Christiane libéra le battant.

– Bonne nuit !

Il claqua la porte et courut cracher le liquide dans un vase contenant un bouquet de mimosa. Son état d'esprit était redevenu le même que l'avant-veille lorsqu'une peur panique lui avait tordu les boyaux. La nuit et ses fantômes n'étaient guère rassurants. Même avec la targette…

Stupeur !… Plus de targette ! Il n'y avait plus de targette !… On l'avait dévissée dans le courant de la journée. Et pourquoi, sinon parce qu'on avait l'intention de pénétrer dans sa chambre ? La poignée, il l'avait vue tourner l'autre nuit.

« Bloquer la porte ! » Les gros meubles étaient trop lourds pour qu'il pût les déplacer et les autres ne bloquaient rien du tout. Il chercha autour de lui un objet, n'importe quoi pouvant faire office d'arme défensive : rien de sérieux. Dans les meubles peut-être…

À sa grande surprise, il découvrit un pistolet dans son étui de cuir au fond du dernier tiroir de la commode. Le chargeur était au complet. Il arma l'automatique en coinçant la crosse entre ses genoux et en actionnant la culasse de sa main gauche. Le mécanisme fonctionnait parfaitement.

« Avec ça je ne crains personne. » Sa peur s'était évanouie, non sa vigilance.

Il éteignit la lumière mais laissa écartés les doubles rideaux afin de garder un peu de clarté dans la pièce. Puis il se coucha.

Étendu sur le dos, le bras allongé le long du corps sous le drap, il sentait le froid de l'acier sous ses doigts qui épousaient la forme rassurante d'une crosse. Le silence s'était établi dans la maison... Il entendit sonner l'horloge du rez-de-chaussée... Neuf... ou dix coups ?... Il s'était laissé surprendre.

Comme l'horloge sonnait la demie suivante, la porte s'ouvrit lentement. Georges serra plus fort son arme. Une ombre se faufilait dans la pièce, se précisait au fur et à mesure qu'elle approchait du lit... C'était Christiane ! Les couleurs fulgurantes de son ample kimono de soie accrochèrent un rayon de lune. Georges la devina nue sous l'étoffe : il en fut bouleversé.

– Tu dors ? Georges, tu dors ?

Quelles étaient ses intentions ? Peut-être venait-elle ainsi chaque nuit dans l'espoir que... Le désir lui courait à fleur de peau. Il résista à la tentation et ferma les yeux juste assez pour donner l'illusion du sommeil sans perdre de vue la jeune femme.

Elle se pencha pour redresser un oreiller. Sa gorge effleura la joue de Georges qui ne vit plus que l'échancrure du kimono entrouvert. Il se contraignit à l'immobilité, la main crispée sur la crosse de son pistolet.

Un court instant encore, Christiane tapota l'oreiller puis se redressa en soupirant.

– Bonne nuit, mon chéri.

Enfin elle alla tirer les doubles rideaux devant la fenêtre et quitta la chambre aussi silencieusement qu'elle était entrée.

Georges se relaxa. Un vague regret l'empêchait d'être totalement détendu. Avait-il eu raison de se taire ?

Mal à l'aise, il essaya de se tourner dans le lit mais son plâtre lui interdisait toute autre position. Peu à peu, ses pensées se dissolvaient. Elles engendraient des associations d'idées cocasses ou absurdes. Puis, sans qu'il s'en fût rendu compte, Georges plongea en plein cauchemar.

Éperdu, il fuyait devant une blouse blanche sans visage, ni pieds ni mains... Il ouvrait une porte... Une autre blouse blanche se dressait devant lui, l'étreignait à bras-le-corps... Il fuyait, butait contre une troisième, une quatrième, une cinquième... Une multitude de blouses blanches l'encerclaient d'une ronde fantastique.

La ronde se rétrécissait, la blancheur des blouses l'aveuglait... On lui tendait un revolver... Une voix mécanique martelait ses tympans :

« Tu es fou !... La mort plutôt que l'asile !... Tu es fou !... La mort plutôt que l'asile ! »

Une camisole de force l'étouffait... Il se réveilla en sursaut. Le cauchemar s'évanouit mais la voix... La voix était toujours là :

« Tu es fou !... La mort plutôt que l'asile ! »

Il se dressa sur son séant, les yeux écarquillés sur la nuit, la nuque baignée de sueur.

– Il y a quelqu'un ?

Seule, la pulsation lointaine du ressac meublait

le silence nocturne. Il avait rêvé, bien sûr. Le cauchemar s'était un peu trop prolongé, voilà tout.

Il se recoucha, cherchant dans le lit le pistolet qui lui avait échappé et il se moqua de lui-même... Pas longtemps, car la voix fantomatique, à peine perceptible, venant de nulle part et pourtant si proche, la voix se remettait à scander :

« Tu es fou !... Plutôt la mort que l'asile ! Tu es fou !... »

De nouveau Georges s'assit, brandissant son pistolet dans les ténèbres.

– Qui est là ?... Ne bougez pas ou je tire... Qui est là ?

De nouveau également, le silence tomba.

– N'avancez pas ou je tire !

Que pouvait une arme à feu contre une voix sans visage ?... Sans visage comme les blouses blanches ! Au comble de l'épouvante, Georges lâcha son pistolet...

« De la lumière !... de la lumière ! » se disait-il en claquant des dents. Il tâtonna, rencontra la poire électrique. La chambre s'éclaira : personne.

Au soulagement qu'il éprouva se mêla une anxiété intolérable. Ce n'était plus de la voix qu'il avait peur mais de sa pauvre tête en feu. Ne pourrait-il plus jamais fermer les yeux sans entendre ce chuchotement irréel ?... La folie était-elle là, prête à envahir définitivement son cerveau ?... Étaient-ce les autres, tous les autres qui avaient raison ?

Sans éteindre cette fois, il retomba en arrière sur l'oreiller, en proie à une terrible appréhension.

« Tu es fou !... Plutôt la mort que l'asile ! Tu es fou !... »

La voix encore, toujours la même, mécanique, grignotante, à peine audible. Hallucination auditive ? Non pas. La voix venait de... Elle venait d'en bas, de sous le lit. Malgré la terreur enfantine qui le paralysait il parvint à se lever et à s'aplatir sur le tapis. Rien sous le lit, évidemment.

C'est en se redressant qu'il aperçut le fil noir qui tranchait sur la blancheur du drap. Il le tira, ramenant de sous l'oreiller un micro pas plus gros qu'une pièce d'un franc d'où sortait la voix confidentielle.

« Tu es fou !... Plutôt la mort que l'asile !... »

Un rire nerveux le secoua silencieusement. Hypnopédie ! Il avait lu naguère une documentation sur l'hypnopédie dans une revue de vulgarisation scientifique. Il revoyait les sous-titres en caractères gras : **Faites travailler votre subconscient... Apprenez sans effort pendant votre sommeil... Ignoré la veille, su au réveil...**

On décrivait le dispositif : un micro placé sous l'oreiller, connecté avec un magnétophone muni d'un mécanisme permettant la répétition à l'infini d'un texte enregistré.

« Plus le texte est court, plus il est répété, meilleur est le rendement, expliquait-on. On peut apprendre n'importe quoi : les départements français, une nomenclature, une langue étrangère. »

Et pourquoi pas des mots comme *« Cay mu su, Frédéric, Long Thanh, Cap-Saint-Jacques... »* ?

Le fil disparaissait derrière le panneau du lit pour aboutir à une prise semblable à une prise électrique. Georges la débrancha, la voix se tut. Elle reprit quand il eut rebranché.

La prise servait donc à relier le micro au magnétophone qui fonctionnait dans la pièce voisine. En quelques secondes Georges venait de résoudre le mystère de sa double identité.

Les souvenirs d'Indochine que son instinct refusait d'admettre n'étaient que des souvenirs artificiels fabriqués par cette voix chuchotante qui, cette nuit, l'incitait au suicide. Il reconnaissait maintenant les intonations familières de Launay. À l'évidence, Christiane et lui étaient de connivence. Quant à Kiem, n'était-il pas à la dévotion de sa maîtresse ?

Sans peine, Georges reconstituait le processus quotidien : Christiane venait vérifier l'effet du somnifère qu'il avait absorbé, branchait le fil et glissait le micro sous l'oreiller. On devait l'ôter le matin avant le réveil du dormeur.

Voilà pourquoi on avait supprimé la targette. Voilà pourquoi on tenait tant à ce qu'il bût son médicament.

Hypnopédie ! La méthode était d'autant plus efficace avec lui qu'elle agissait sur le cerveau vierge d'un amnésique.

« Pas si amnésique que ça, se dit Georges. Il y a le Brésil. Et puis mon nom. Cette fois, je suis sûr d'être Campo. »

Mais les autres, la police ou le Dr Mars en seraient-ils aussi sûrs ? À présent qu'il était catalogué, ajouteraient-ils foi aux divagations d'un malade mental ?

« Divagations, c'est à voir ! »

Il replaça le micro sous l'oreiller, se recoucha, éteignit la lumière. La voix qui voulait être convaincante, et qui n'était plus que dérisoire, ne le tracassait plus. Il avait recouvré l'intégrité de sa personnalité et le danger qu'il avait à affronter avait figure humaine.

Georges sourit dans l'obscurité. À malin, malin et demi.

16

« Christiane !... Frédéric !... Ça y est ! Je me rappelle tout ! »

L'entrée en trombe de Georges dans le salon plongea les deux autres dans un effarement comique : Christiane demeurait bouche bée; Frédéric avait rabattu sur ses genoux le journal qu'il était en train de lire et, l'œil fixe, ses lèvres réduites à un fil, il dévisageait l'arrivant qui avait l'air d'un illuminé.

– Je me rappelle tout !

Frédéric s'était ressaisi. Entre les dents, deux syllabes fusèrent :

– Quoi, tout ?

– Vous savez bien, voyons.

Georges donnait libre cours à son exubérance. Il avait tant et tant de choses à dire :

– Hier soir, quand le policier est parti, ça m'a flanqué un choc... Sincèrement, j'ai cru que j'allais devenir cinglé pour de bon... Toute la nuit j'ai fait des cauchemars abominables... Et mon crâne au réveil ! On aurait dit qu'il allait éclater.

– Abrège, grogna Frédéric. On ne t'a pas vu de la journée. Même pas pour déjeuner.

– Ma tête toujours. Je souffrais comme un

damné. J'avais peur !... Peur du psychiatre, vous comprenez ? Je ne voulais à aucun prix de l'internement.

Georges baissa la voix.

– Je peux bien vous l'avouer : j'aurais préféré me tuer.

– Tu n'aurais pas fait ça ! s'écria Christiane.

– Je ne le ferai pas puisque tout est fini... Tout à l'heure, la migraine a cessé brusquement et puis, crac, le voile s'est déchiré... Romery ! bien sûr c'est moi !... Je me demande où je suis allé dégoter ce nom de Campo ?

Il s'interrompit, porta la main à son front.

– Campo !... Attendez, il me semble avoir connu un Campo à Saigon.

Avec lenteur, Frédéric repliait son journal.

– Que te rappelles-tu exactement ?

– Tout parbleu !... L'Indochine, la plantation, Long Thanh... Notre arrivée ici...

Manifestement intriguée, Christiane l'examinait comme si elle le voyait pour la première fois.

– Tu te souviens de tout ça ?

Désinvolte, il haussa son épaule valide.

– Il reste bien quelques trous par-ci par-là, mais ça reviendra. N'est-ce pas magnifique ?

Son enthousiasme tombait à plat. Frédéric le scrutait d'un air soucieux. Sa voix monta, empreinte d'une cordiale sévérité :

– Dis donc, vieux, tu nous mènes en bateau ?

– En bateau ?... Tu ne crois pas que j'ai recouvré la mémoire ?

– Non !

La négation était catégorique. Georges se rabattit sur Christiane :

– Et toi, tu me crois ?

La jeune femme semblait dépassée par les événements.

– Je… Je ne sais pas encore.

– Ah ! c'est trop fort !

Georges ne l'entendait pas de cette oreille.

– Voilà un mois que vous vous acharnez à me prouver que je suis Romery et maintenant que la mémoire me revient, les rôles sont renversés ?

Son rire éclata, moqueur.

– Vous allez peut-être essayer de me persuader que je suis Campo ?

Frédéric, lui, ne riait pas. Il fouetta de son journal le dossier d'une chaise.

– Tu ne trouves pas que la plaisanterie a assez duré ?

L'intonation était aigre-douce.

– Tu fais semblant parce que tu crains qu'on t'enferme.

Georges ne releva pas la méchanceté. Au contraire, il adoptait ce ton bêtifiant que les autres avaient tant de fois employé avec lui.

– Ne te fâche pas ! Ta surprise, je la comprends… Pourtant, aussi extraordinaire que cela paraisse, c'est ainsi !… D'ailleurs, dès ce soir, je m'installe dans ma véritable peau !

Il amorça une pirouette et conclut avec une tranquille assurance :

– Et demain, Mars ne s'y trompera pas, lui.

La porte claqua, Frédéric Launay avait quitté la pièce. Dans la pénombre qui envahissait le salon avec la rapidité d'un soir d'hiver, Georges et Christiane restèrent face à face.

La jeune femme était muette, encore sous le coup d'une émotion qui se reflétait sur ses traits.

– Ma chérie, c'est merveilleux !… Tout remonte à la surface…

Le sang lui empourprait les pommettes. Il fit encore un pas et, quand il l'attira à lui, elle ne résista point. Spontanément, elle lui entoura le cou de ses bras nus et ce fut elle qui, longuement, le baisa sur les lèvres...

Unis dans un même frémissement, ils ne bougeaient pas, soudés l'un à l'autre, fondus l'un dans l'autre.

– Dans ma chambre, chuchota-t-elle.

Elle se sauva, comme honteuse de son audace. Il entendit résonner les hauts talons dans le hall puis sur les marches de l'escalier. Cette fois, oui, il était fou, fou de désir.

Dans une sorte de rêve érotique, il grimpa à son tour au premier. Il faisait sombre dans la chambre et, plus qu'il ne la vit, il devina Christiane à demi dévêtue. Les paroles étaient superflues. Il l'enlaça et tous deux basculèrent sur le lit...

Jaillie du plafonnier, une vive lumière les ramena sur terre. Surgi d'un monde qui n'était plus le leur, Frédéric clamait :

– Je m'en doutais !

Georges avait sauté sur le tapis. Il se sentait ridicule avec cette cuirasse de plâtre qui rendait grotesque sa demi-nudité.

– Après tout, c'est ma femme, dit-il sans conviction.

– Ta gueule, gronda Frédéric.

Puis à Christiane, superbe d'impudeur dans le désordre de ses dessous :

– Putain !

Il la giflait à toute volée, envoyait rouler sur le sol Georges qui tentait de s'interposer, le bourrait de coups de pied en proférant des injures. Handicapé par son plâtre, Georges ne pouvait ni s'échapper ni même se protéger. En un éclair il pensa : « Le fou, c'est lui ! »

Et le fou l'aurait certainement achevé si Christiane n'avait bondi, toutes griffes dehors.

– Arrête !

Elle s'agrippait au forcené, l'obligeait à reculer.

– Tu ne le tueras pas, lui !... Tu ne le tueras pas parce que...

Il lui avait fait face et l'aveu le frappa au visage comme un coup de poing :

– Parce que je l'aime.

Tous deux étaient pétrifiés, l'une par la témérité de sa déclaration, l'autre par la stupéfaction.

– Tu aimes ce minable...

Le susurrement narquois de Frédéric se mua tout à coup en vocifération :

– Tu te fous de moi ! Avoue plutôt que vous étiez d'accord pour me doubler.

Il avait empoigné Christiane aux épaules et la secouait rudement. Elle réussit à se dégager, poursuivie puis acculée dans un angle par Launay en proie à une nouvelle folie homicide.

Le lit masqua le couple à Georges qui ne vit plus, au ras du sol, que les jambes et les pieds nus de la femme mêlés aux chaussures marron et aux jambes du pantalon de l'homme. Il entendit la voix plaintive et hoquetante de Christiane :

– Non, je t'en supplie... Non... non...

Un drame se jouait à moins de deux mètres de lui et il était dans l'impossibilité d'intervenir. Pourquoi n'avait-il pas emporté le pistolet ?

Sortant des fuseaux noirs du *quan daï*, deux pieds chaussés de *dép* venaient s'ajouter aux quatre autres. Il y eut une exclamation suivie d'un chuintement bizarre ressemblant à la respiration oppressée d'un asthmatique.

Launay s'abattit d'un bloc, la face contre le tapis. Sous son omoplate gauche dépassait le manche ciselé d'un poignard enfoncé jusqu'à la garde.

Kiem apparut, soutenant Christiane qui massait son cou marqué d'ecchymoses.

– Mon chéri, tu n'as pas de mal ?

Elle aidait Georges à se relever, se couvrait du kimono qui traînait sur le fauteuil.

– Il m'a sauvé la vie, dit-elle en désignant le *boï* qui, bras croisés, se tenait modestement à l'écart.

– Et toi la mienne.

Georges s'approcha du corps.

– Est-ce qu'un médecin…

– Inutile, monsieur.

La voix nasillarde de Kiem n'exprimait aucune émotion :

– Il est mort.

Georges se laissa choir sur le bord du lit. L'enveloppant dans une robe de chambre, Christiane vint s'asseoir auprès de lui.

– C'est Frédéric qui a tué ton mari, n'est-ce pas ?

– Oui, un mois après notre installation ici. Je ne l'aimais pas. Je veux dire que je n'aimais pas mon mari.

Avec ce cadavre encore chaud, ce serviteur hiératique en costume d'opérette, ces deux protagonistes dont l'un était cocassement affublé d'un kimono bariolé, le tableau était surréaliste.

– Frédéric ne s'est jamais occupé de caoutchouc et n'a jamais eu de bureaux à Marseille, disait Christiane. C'est un marginal que nous avons rencontré à Saigon. Grâce à l'opium, il a eu une emprise immédiate sur mon mari. Moi, j'étais si isolée, si désemparée…

Elle ébaucha une mimique fataliste.

– Il a fait de moi ce qu'il a voulu. Un beau jour, c'était en bas, dans le salon, ils se sont disputés. Frédéric a tiré trois coups de revolver...

Elle cacha son visage dans ses mains.

– Il a enterré le corps dans la pinède, au fond du parc.

– Et tu as accepté de devenir sa complice ?

– Il me terrorisait.

– Peut-être t'aimait-il ?

– Il se fichait éperdument de moi. Ce qui l'intéressait c'était la fortune de mon mari dont j'ai hérité.

Chaque parole de Christiane accrochait un maillon à la chaîne qui finissait de s'assembler : un cadavre avec trois balles dans la peau n'est pas plus présentable à la police qu'à un notaire tandis qu'un accidenté de la route...

Et c'était lui, Campo, qu'on avait choisi comme cadavre de remplacement, lui débarqué depuis huit jours à Marseille, sans famille, sans amis, sans attaches d'aucune sorte. Si le hasard n'avait pas amené le Dr Mars sur les lieux...

– Quand il m'a fait transporter dans sa clinique, vous avez été coincés : officiellement, j'étais Romery.

Elle acquiesça d'un battement de cils.

– Et lorsqu'il vous a appris que je resterais amnésique, vous avez décidé que je serais Romery envers et contre tous. Envers et contre moi-même surtout.

Tous les détails de la machination affluaient maintenant en vrac : souvenirs artificiels par hypnopédie, photos truquées, ouvrages sur le Brésil, fausse dédicace signée Campo, conversation dans la bibliothèque organisée par Frédéric pour l'abuser davantage. D'autres souvenirs artificiels encore : la couleur des cheveux de Christiane, le coup de cravache à Kiem, la porte dans le mur d'enceinte et sa clef, etc.

– Et le policier ? Le policier, pourtant, lui...

Kiem toussota pour attirer l'attention.

– Je vous avais vu, monsieur, mettre la lettre dans le sac de linge sale.

– Alors, l'inspecteur Parano ?

Christiane prit le relais :

– Un comparse payé par Frédéric pour te dissuader de recourir à la police.

Elle éclata en sanglots.

– Il voulait que tu meures avant qu'on ôte ton plâtre. À cause de l'écriture.

Frédéric avait tout prévu. Tout sauf que sa complice s'attacherait à leur victime.

– Je faisais ce que je pouvais pour éviter le pire.

Une fois déjà, n'avait-elle pas agi dans ce sens le jour où, croyant s'évader, Georges avait couru tout droit vers les éboulis ?

– La visite du Dr Mars, ce jour-là, n'était pas une coïncidence, reprit Christiane. C'est moi qui l'avais provoquée en espérant que la présence de Mars t'empêcherait de partir. Malheureusement, il est arrivé trop tard.

Elle plaidait sa cause avec d'émouvants accents de sincérité.

– C'est encore moi qui ai prié Mars de m'accompagner quand on est allés à ta recherche. Je craignais... j'étais sûre que si Frédéric te rattrapait...

Les beaux yeux verts devinrent implorants.

– Il faut me croire quand je dis que je t'aime.

Kiem s'éclipsa en refermant la porte.

– Je t'aime, Georges, et tu en as eu la preuve.

Comment ne pas la croire ? Elle avait failli mourir pour lui tout à l'heure.

– En fin de compte, conclut-il, l'unique coupable c'est Launay. N'a-t-il pas essayé de t'étrangler ? L'intervention de Kiem était un cas de légitime défense. Le mieux est encore d'avertir la police.

– Je ferai ce que tu décideras. Quant à Kiem, il m'est entièrement soumis. Rhabille-toi pendant que je vais lui parler.

Lorsqu'elle revint, Georges était présentable.

– Kiem est d'accord pour attendre ici. Nous, nous prendrons la Studebaker.

Elle fut prête en un tournemain. Au rez-de-chaussée, Kiem leur remit la clef du portail.

– Ce ne sera pas long, lui lança Christiane en entraînant Georges vers le garage.

Dans la nuit, Mikado tira sur sa chaîne sans aboyer sur leur passage comme si, lui aussi, comprenait dans sa cervelle primitive qu'un événement exceptionnel venait de se produire.

Christiane s'installa au volant, Georges monta à côté d'elle.

– Tu es courageuse, murmura-t-il en l'embrassant tendrement sur la joue. Tu verras, je témoignerai en ta faveur. Je suis certain qu'on te laissera tranquille.

Elle sourit avec confiance, alluma les phares et embraya. La voiture roula dans la longue allée rectiligne et stoppa devant les grandes grilles. Georges descendit pour aller ouvrir.

Dans la clarté des phares, il avançait vers le portail, vers la liberté, vers l'amour.

Pourquoi les phares s'éteignaient-ils ? Surpris, Georges se retourna complètement aveugle dans cette obscurité subite. Le moteur vrombit. À toute vitesse la Studebaker effectuait une marche arrière.

– Christiane ! appela Georges, étreint par une soudaine angoisse.

Il courait maladroitement vers la voiture qui s'éloignait, il trébuchait dans les ténèbres, s'étalait sur le sable froid. Là-bas, au bout de l'allée, la Studebaker rallumait ses feux et disparaissait derrière la villa.

Alors, fidèle aux ordres de sa maîtresse, Kiem détacha Mikado.

*

Extrait du journal *Le Provençal*

NUIT D'ÉPOUVANTE AU CAP BÉNAT

Dans sa propriété du Vénadou, *Georges Romery, devenu fou furieux, tente d'étrangler sa femme et tue d'un coup de poignard M. Frédéric Launay, accouru au secours de la malheureuse. Il s'enfuit alors dans la nuit et est égorgé par son propre chien de garde qui ne l'a pas reconnu.*

Ainsi peut se résumer le récit hallucinant que nous a fait Mme Christiane Romery qui, avec son domestique indochinois, a vécu ces heures d'épouvante.

À la suite d'un accident d'automobile, Georges Romery, soigné par le Dr Mars, fort connu dans la région, souffrait de troubles mentaux qui s'étaient dernièrement compliqués de manie de la persécution.

2009
★★

Impression Brodard et Taupin à La Flèche (Sarthe)
le 12 mai 1986
6080-5 Dépôt légal mai 1986. ISBN 2 - 277 - 22009 - 4
Imprimé en France
Editions J'ai lu
27, rue Cassette, 75006 Paris
diffusion France et étranger : Flammarion